好口才是练出来的

陈建伟 著

天津出版传媒集团

天津科学技术出版社

图书在版编目（CIP）数据

好口才是练出来的 / 陈建伟著. -- 天津 ：天津科
学技术出版社，2017.5
ISBN 978-7-5576-2707-2

Ⅰ．①好… Ⅱ．①陈… Ⅲ．①口才学-通俗读物
Ⅳ．①H019-49

中国版本图书馆CIP数据核字(2017)第075863号

责任编辑：布亚楠

天津出版传媒集团

天津科学技术出版社出版

出版人：蔡 颢
天津市西康路35号 邮编：300051
电话（022）23332695（编辑部）
网址：www.tjkjcbs.com.cn
新华书店经销
大厂回族自治县彩虹印刷有限公司印刷

开本 710×1000 1/16 印张14.5 字数 170 000
2017年5月第1版第1次印刷
定价：38.00元

说服和拒绝是成就好口才的基本功 >>>

试着问自己这样一个问题：历史上口才好的名人都有谁？

用不了多长时间，你的脑子里就会接二连三地涌现出这些人的名字：晏婴、苏秦、张仪、马克·吐温、丘吉尔……事实上，去掉"历史上"这个限制词，我们可以说出来更多人的名字，比如马云、奥巴马等。这些名人里面有政治家、企业家、文学家。总的来说，这些人物都曾经成功过、辉煌过。此时，一个问题就自然而然地出现了：口才在这些人物的成功过程中究竟扮演着怎样的角色呢？20世纪最伟大的心灵导师和成功学大师戴尔·卡耐基的观点是"一个人的成功，15%靠的是他的专业技能，85%靠的是他的口才交际能力"。可见，口才交际能力对一个人成功的重要性是毋庸置疑的。

21世纪固然是互联网的时代，是人工智能、大数据的时代，但终究还是人类的时代。在这样的时代，我们仍然需要交流、谈判，需要面对众人发表演讲。只要这一点不改变，口才就永远不会过时，上面那一串名人所处的时间跨度就是最好的证明。日常交流对口才的要求一般比较宽松，只要能够逻辑清晰地表达自己的观点，偶尔辅以"笑料"幽默一下，就可以很融洽地与他人相处。谈判、演讲等虽然对口才的要求相对较高，但只要掌握了一定的方法、技巧，你就可以很轻松地实现自己的目标。其实，不管是简单的日常交流，还是稍微复杂的谈判、演讲，都绕不开两种说话能力：说服和拒绝。

在家里，撒娇的小孩为了得到玩具，需要说服父母接受他们稀奇古怪的理由；在街头，卖菜的小贩为了多挣钱，需要说服路边的顾客购买自己的菜；在讲台上，竞选总统的政客为了胜出，需要说服全国各地的选民投他的票。可以说，说服无处不在。不过，说服未必就是把自己的观点强加于人，特别是考虑到自己的想法富有创造性，而对方的行为又带有破坏性的时候，你的超强说服力就是创造力的表现，也是正义的化身。另外，我们生活在一个要么说服他人、要么被他人说服的时代，因此，在必要时，与其被他人说服，不如先说服他人。

与说服具有很强的目的性不同，拒绝的目的性不是很强，可能更多的是基于现实情况的考虑。但这并不意味着拒绝没有目的。很多时候，考虑一下你的时间，思索一下你的原则，回忆一下你的初衷，再看看你的精力，想想你的健康，哪一点都有可能成为你拒绝的理由。每一个人都是独立的个体，有自己的思想、意志，有自己的喜怒哀乐。如果没有拒绝，你的所有情感就会混为一谈，并演变成一种近似于怪物般的焦虑。到时候，你作为个体的人的独立性也就会不复存在。此时，你还敢说拒绝没有目的吗？还认为拒绝不重要吗？

有人说："说服考验一个人的智商，重在'能'；拒绝考验一个人的情商，重在'会'。"不可否认，这种观点还是很有道理的。不管怎么区分、对比，说服和拒绝都是一个人口才好坏的重要标签，也是练就好口才不可或缺的基本功。

目录
CONTENTS

下 篇 ▶ 情商高的人这样拒绝

上篇

口才好的人
这样说服

PART 1

不打无准备的"战役"，说服前你准备到位了吗

说服是口才的基本功之一。为了能够成功地说服他人，说服者需要在方方面面下足功夫。要知道，"说"只是让对方服的最后一道工序，在这之前，你必须考虑说什么、怎么说、何时说。要想知道说什么，就要先知道对方在想什么；要想知道怎么说，就要先明确自己擅长什么；要想知道何时说，就要先思考对方在等什么。准备工作看似复杂，但它是值得的，因为准备工作到位了，说服就能事半功倍。

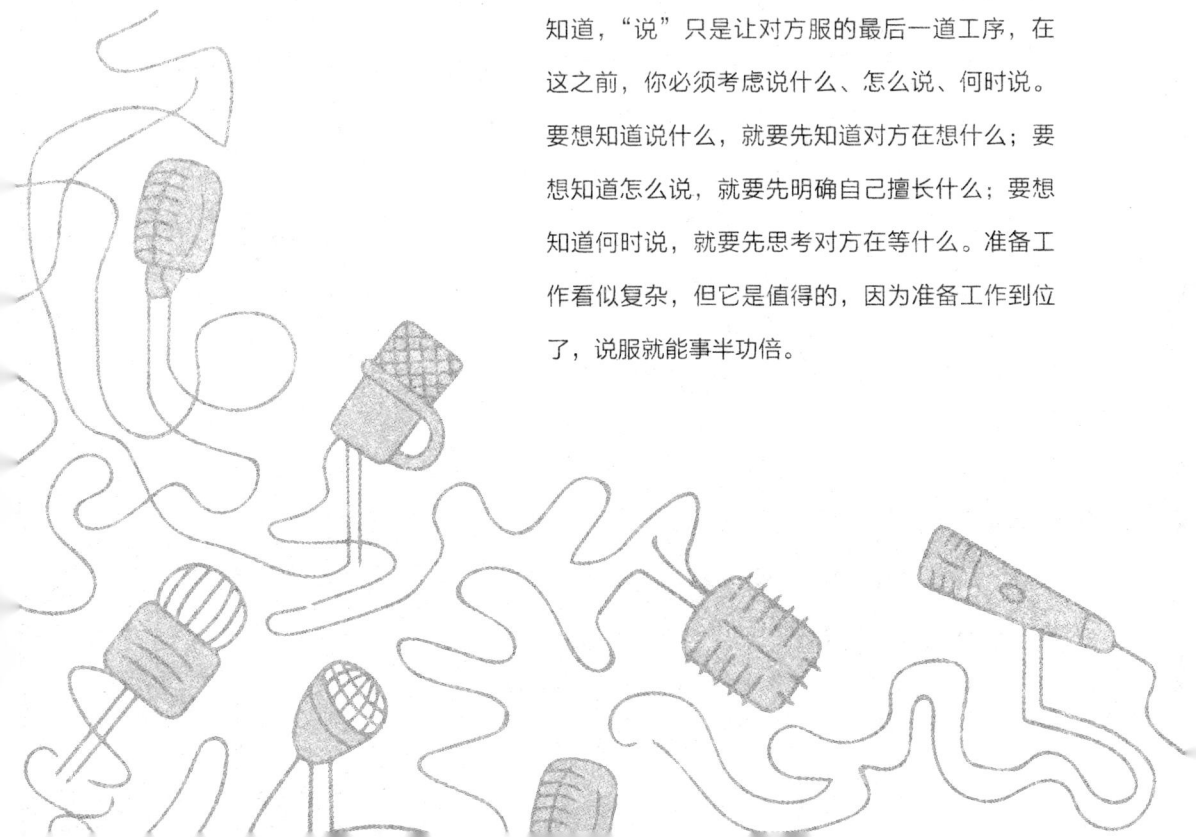

摸准对方的心理脉搏，揣摩其真实想法

　　说服工作外在呈现出来的是口才战，但本质上却是一场心理战。事实上，无论你想说服谁，都要对其心理有一番揣摩。只有这样，你的说服工作才会有重点，才不会偏离方向。所以说，一个好的说服者，必须有很强的把握能力，特别是对说服对象的心理状态的把握。这种把握要求你通过观察，看对方是紧张还是平静，是悲观失望还是积极向上。不要小看这些要素，它们对你的"说服战"能否胜利都至关重要。一旦我们攻破了对方的心理防线，说服工作就是水到渠成的事情。

　　约翰·昆西·亚当斯是美国第二任总统约翰·亚当斯的长子，也是美国的第六任总统。他有一个让记者很是头痛的习惯，就是很少在公众场合发言，更绝少给记者采访的机会。虽然各路记者尝试过各种不同的办法，但都没有成功。不过，最终有一个女记者却成功地"说服"总统接受她的采访，这究竟是怎么一回事呢？下面就是这件事的经过。

这位记者提前通过各种资料获悉，总统喜欢独自行事，不喜欢与人交流，是个很难对付的"硬角色"。不过，她还了解到总统有一个生活习惯：很早起床，然后散步、骑马或者到河里裸泳。知道这些后，女记者便决定去碰碰运气。

当天早上，女记者很早就来到总统必经的小道上，并在总统路过时和对方打招呼。总统当时不知道对方是记者，便和她简单聊了几句。记者发现，总统真的是不喜欢与人交流，因为短短的几分钟时间，总统就看了好几次表，不过她也意识到，这么早让总统接受采访肯定不现实，而且对方显然也不耐烦。

俩人告别之后，她悄悄地尾随在总统后面，跟着他来到了一条河边。总统脱光衣服跳入河中，女记者便快步走上去，坐在衣服旁边。她装作不经意间才来到这里的样子，并说道："总统先生，早上好！我没想到你会在河里游泳，真是冒犯了。刚才走得有点匆忙，我还没来得及自我介绍。其实我是一个记者，想采访你几个问题，可以吗？"

总统满脸通红，而且担心自己裸泳的形象会被这位记者曝光，所以内心十分忐忑不安。不过，对总统而言，女记者刚才提出的采访请求有点儿无理取闹，他便低沉着嗓音说道："我在游泳，而且也不想接受采访，请你走开！"

总统的心理状态自然没有逃脱女记者的眼睛，女记者从容不迫地说道："总统先生，不要误会，我只是想问你几个关于国家银行的问题。事实上，我以前到白宫找过你几次，但每次都被拦在了门外。后来，我知道了你的生活习惯，便大早上赶来见你。你可以不接受我的采访，但我会一直坐在这里等下去的。"

总统自然不想这样僵持下去，便对女记者说："采访可以，但至少也

要等我穿好衣服吧。这样，你先到旁边的树丛里去，我穿好衣服后就接
受你的采访。"

女记者笑着说："那可不行，万一你穿上衣服再拒绝的话，我也拿你
没办法。如果你一定要上来也没关系，我记得河那边有几个钓鱼的人。"

最后，亚当斯总统只能无奈地屈服了，在水中接受了女记者的采访。

客观来讲，女记者的说服方式有点儿无赖，但我们不得不佩服她的精
明以及在洞察总统心理方面的智慧。在总统必经的小道上的那次寒暄，她
果断地放弃了说服总统接受采访的请求，因为她知道强硬坚持只会适得其
反。而在河边的这一次，她把握住了总统的心理状态，知道总统除了答应
自己的采访请求之外，没有其他选择。

虽然摸清对方的心理对于我们的说服工作至关重要，但有个前提条件
同样重要，就是你必须快速地从对方的表情、动作等身体语言中解读出对
方的心理。事实上，这种解读并不难，比如，人们紧张时会拉衣角、流汗
等，人们喜悦时会手舞足蹈等。事实上，人们的心理状态绝大部分都会表
露在外，想要捕捉完全可以做到。一旦你对对方的心理状态做出了正确的
评估，就可以采取后续措施了。捕捉对方心理是一方面，采取恰当的说话
策略则是另一方面，即便如此，它也有一些行之有效的普遍规律。比如，
对方紧张时，你要巧妙舒缓；对方悲观时，你要适当鼓励。

把握最佳时机，让说服恰到好处

　　说服是一项颇有技术含量的工作，不是谁都可以随随便便地说服或者被说服。为了把这项工作很好地完成，人们需要在不同的地方施力，比如说话时机。那些能在恰当的时机说出恰当的话语的人才是真正会说话的人。如果说话的时机不对，则即便你的话很有道理，也往往只会收效甚微。

　　出生于清朝末年的贵族裕容龄从小就表现出卓越的舞蹈天赋，但是她的母亲认为，作为清朝一品官的格格，在人前跳舞有失身份。因为母亲的这一态度，所以裕容龄虽然很想学习舞蹈，但始终不敢向父母提及。

　　后来，裕容龄的父亲被派往日本出任公使，家人也一同前往。一天，有位日本大臣的夫人前来看望裕容龄，顺口问道裕容龄是否会跳舞。在得到否定回答后，那位夫人就问裕容龄的母亲："你家姑娘怎么不学跳舞呢？在我们日本，像她这般大的姑娘可都在学呢！"

　　听到那位夫人如此说，裕容龄格外开心，赶紧向母亲说道："好母亲，我以后就学跳日本舞蹈给你看，怎么样？"说完后，她换上了和服，并跳了一支日本的古典舞蹈，受到客人的连连赞美。最后，母亲也同意了她学习舞蹈的想法。

如果放在平时，则裕容龄学习舞蹈的请求自然会被驳斥，但这次不同。首先，大臣的夫人已经说了日本女孩都学舞蹈，而中国女孩不学的话就会落伍，自然对不住大清的脸面。其次，在大臣夫人面前向母亲提出学习舞蹈的要求，如果母亲不答应，自然会显得不够开明。在这样的环境下，裕容龄的母亲自然不好对女儿的请求说"不"。

时机的作用是双向的：对他人而言，代表着尊重；对自己来说，则代表着效率。要知道，如果说服的时机不对，则非但达不到预期的效果，还会引起对方的反感。只有当对方对你的话感兴趣的时候，你说的话才有效果，才能达到预期目的。

蒋坤是一家公司机房的管理员。因为机房没装空调，计算机经常在高温环境中运行，所以总是出问题，经常需要维修。蒋坤多次向老板提出要安装空调的事，但老板总是以经费紧张为由推托。其实，蒋坤心里知道，老板是觉得他出于私心，想在自己办公的地方装上空调，而公司其他人都是在没有空调的环境下工作的。无论蒋坤如何辩解，都无法改变老板的态度。

年末的时候，老板带着大家外出旅游。在一个文物展览馆里面，大家发现有些文物出现了破损的情况，讲解员就向大家解释："这是由室内气温变化大导致的。因为部门缺乏经费，所以室内没装空调，结果夏天温度特别高，冬天温度又特别低。如果有空调，则这些文物肯定会保存得更好。"站在一旁的老板听完后，不禁感慨。

　　蒋坤看到老板的神色，觉得此时正是向老板提出给机房装空调的最佳时机，便说道："老板，其实咱们机房总是出问题，和这个道理都差不多。"让蒋坤喜出望外的是，老板当即就说："这样，回去就让财务拨款买空调。"

　　蒋坤最初和老板提出装空调，被视为有私心。倘若讲解员在介绍了空调对文物保护工作的价值后，蒋坤没有提空调的事，那么后续机房再出问题，老板肯定会责怪他。然而，蒋坤把握住了这次机会，而且成功地说服了老板购买空调。可见，在恰当时机说的一句话，比平时的一千句话还管用。

　　既然说话的时机如此重要，而时机又稍纵即逝，那么究竟该如何把握呢？其实，说话时机虽然要视具体情况而定，但仍然有一些规律可循。比如，当对方心情舒畅的时候，谈求助方面的事情就容易一些；而如果对方心烦意乱，就很可能得不到帮助。当对方情绪低落的时候，说些令人振奋的话自然会讨人喜欢；而如果对方兴致高昂，你说扫兴的话自然就不会受欢迎。

隐藏真实动机，减少说服的阻力

心理学家们认为，人类有一种探究的本能，遇事总想知道究竟，以揭示其中的奥秘。这种本能激发了人类的好奇心，并促使人类探索事情的真相。正因为如此，在劝说他人时，为了增强信息的可信度，可以把劝说的动机隐藏起来，从而让对方产生一种"意外"获取信息的感觉。

曾经有一位作家独自住在一栋老房子里。在他院子门口，有一个面积不大但格外精致的小花园。不知道从什么时候开始，经常有一群孩子在花园里嬉戏，而且非常吵闹，经常会打扰到他构思作品。有那么两次，他冲着孩子们嚷了几句，结果孩子们都被吓跑了，但第二天他们依旧出现在小花园里，而且吵闹声更大。

后来，这位作家决定改变策略。一天下午，看到那几个孩子正在玩耍，他走过去给每个人10元钱，并说道："说实话，以前驱赶你们是我的不对，现在我才发现有你们在真好，因为这里热闹了许多，我也不显得那么孤单了。这点儿钱算是我的谢意，我希望你们以后也能每天都来，我会每天都给你们发钱。"拿到钱的孩子们都很高兴，第二天依旧来此嬉闹。作家这次又给他们发了钱，不过每个人只有5元。虽然比昨天的钱少了一半，但5元钱对他们来说也还算不错，所以依旧很开心。第三天，当孩子们又来的时候，作家这次不像前两次那么阔绰，只给每个人发了1元钱。从最开始的10元钱到现在的1元钱，孩子们的心理落差自然很大，临走的时候个个嘟着小嘴说："这个人太小气了，我们每天玩得这么辛苦，他才给1元钱。我们以后再也不来了。"结果，孩子们就真的没有再来。

作家第一次劝说之所以失败，是因为他把自己的目的用一种简单粗暴的方式呈现出来，结果小孩子们自然不愿意听从。后来，他改变了策略，把自己的真实动机隐藏了起来，反而轻松地解决了问题。这就是隐藏劝说动机所产生的效果。

隐藏动机一般分为两种情况：一种是暗藏，一种是明藏。所谓"暗藏"，就是让对方觉察不到你在隐藏自己的动机，比如，上文中提到的这位作家后来的做法。而"明藏"就是说，对方可能知道你在隐藏动机，但会被你的理由打动，所以也自愿"被欺骗"。与前者相比，后者在生活中更常见。比如，销售员上门推销产品，往往会向客户保证："我只占用你10分钟就可以了，只是随便聊聊，不向你推销产品。"虽然绝大多数顾客都知道，销售员不可能不介绍自己的产品，但依然抱着侥幸的心理相信他们这一次或许真的如此。销售员会在最短的时间内和顾客建立起感情，而且会在感情建立到位的基础上，试探着介绍产品。此时，很大一部分顾客就会有选择地忽略掉自己对销售员的排斥，进而主动地从销售员的介绍中获取对自己有用的信息。当然，倘若销售员遵守自己的承诺，在谈话期间不提产品，反而会让顾客对销售员产生好感，且能促进下一次见面以及最后的成交。

乔·库尔曼是美国一家保险公司的销售员，曾经想拜访一位名叫阿雷的客户。在打电话预约前，他获悉这位客户是个大忙人，据说每个月至少乘飞机飞行10万英里（约16.1万千米）。为了能够约到这位客户，他提前在心里盘算好了面对拒绝时自己的应对之词。

"你好，阿雷先生，我是人寿保险销售员乔·库尔曼，是理查德先生让我联系你的。我想抽空去拜访你，看你什么时间方便。"

"又是推销保险吗？抱歉，我不需要，而且我也确实没有时间。"

"我知道你很忙，所以只打算和你交谈10分钟，而且在这期间我不会向你推销保险。"

"那好，明天下午4点我有空。"

经过乔·库尔曼的积极争取，阿雷同意了他的拜访请求。第二天，乔·库尔曼准时来到对方的办公室。

"我知道你的时间非常宝贵，所以我会严格遵守我所说的10分钟时间时限的。"

谈话开始后，乔·库尔曼用尽可能简短的提问让阿雷多说话。

10分钟很快就到了，乔·库尔曼主动提出了告别。不过，眼下阿雷正说到兴头上，便对乔·库尔曼说道："没关系，我们再多待一会儿吧！"

就这样，俩人又交谈了起来，库尔曼从阿雷先生那里获得了销售、管理方面的信息，而阿雷先生也对库尔曼产生了好感。后来，库尔曼又拜访了阿雷先生两次，并在俩人第三次见面后拿到了订单。

很多销售员在拜访顾客的过程中屡屡受挫，就是因为他们不懂得灵活变通。虽然隐藏说话动机带有一定的欺骗性质，但如果出发点是好的，就不必在乎这些细节。对销售员来说，不谈产品可以避免自己的销售行为被扼杀在摇篮里，而且可以趁机了解客户更多的信息。

为了能把动机隐藏得更真实，说服者在进行劝说的过程中需要遵守以下几个原则。

1. 遵守诺言

不管你以什么样的理由开始与对方交谈，都要遵守自己的诺言。当然，如果对方的请求需要你违背自己的诺言，则没必要固守承诺，而需要快速、灵活地转变思路。

2. 语速适中

语速太快会影响对方的倾听和理解，这对双方的沟通效果非常不利。而且语速过快会给对方造成一种压力。在这种压力之下，对方会产生尽快结束这场谈话的心理。

3. 让对方多说话

让对方多说话至少有两方面的好处：从对方身上获取更多的信息；变单向沟通为双向沟通，让对方变被动接受为主动参与。

4. 保持良好心态

心态对于说服工作至关重要，因为心态好，人们的表情才会自然，言语才会得体，双方的沟通才能顺畅。只要沟通顺畅，不给对方造成什么压力，成功说服的概率就会提升很多。

　　作为一种高明的说话技巧，隐藏动机在劝说他人的时候往往会发挥出非常神奇的效果。不过，你只有在日常生活中有意地去训练和提高隐藏动机的技巧，才能很好地掌握这种技巧。

树立十足信心，发挥超常说服力

信心对于说服工作的重要性是不言而喻的。这个世界上的说话高手以及沟通达人，几乎每一个都是自信心爆棚的王者。那些信心不足的人，在人前说话都会有困难，更别提让他们去说服别人了。所以说，要想提升说服力，自信心是关键。如果你自认为已经具备了相当的说服力，那么信心也不会是一种摆设，因为它会让你超水平发挥出你的实力。

纵观古今中外的历史伟人，不难发现他们都有一个共同的特点：做事之前，对自己的能力充满自信。当然，他们的自信有一部分可能来自于自己的天赋，但更多的是自己给自己的暗示。事实上，就说服而言，人们的智力、口才都是达标的，关键是你是否可以理直气壮地把这些东西发挥出来。

如果一个人没有自信，则他在说话办事时，甚至表情上都会显现出乏力的特点。这样的人所说出来的话，往往会被人忽略，更别提让人信服了。你可以想象一下，当一个人很怯生生地告诉你一件事情，你的脑子里面浮现出来的肯定是怀疑。相反，如果一个人很振作地告诉你一个观点，则你多半会对他表示肯定。怯生生就是不自信的表现，而振作就是自信的表现。

一个人是否自信可以从多方面进行观察。比如，购买水果时，你问售货员："这个瓜甜不甜？"如果对方说"应该不会很酸"或者"也许甜吧"，这就是不自信的表现。遇到这样的售货员，顾客多半不会购买他的水果。相反，如果售货员说"没有比我的瓜更甜的了"或者"我从来不卖酸的"，那么顾客多半会直接购买。

很多销售员可能是抱着实诚的态度来回答顾客的提问，但是有时候，你的实诚在顾客眼里就是没自信、不专业的表现。其实，如果顾客买了之后，哪怕水果真的不怎么甜，也没有关系，你可以给他换，或者让他再买别的水果，然后给他优惠。此时，顾客非但不会对你曾经的"自信式撒谎"有任何埋怨，而且还会觉得你做生意灵活、豪爽。

那么，究竟该如何让自己成为一个充满自信的说服者呢？下面是一些非常实用的技巧。

1. 自我暗示

自信心究竟从哪里来？毫无疑问，很大程度上都是自己给的。或者我们可以换一种说法，叫自我暗示。所谓"自我暗示"，就是指有意识地对自己做出暗示。被称为20世纪"文学神秘人"的詹姆斯·艾伦在他的著作《做你想做的人》中用事实证明，一个人完全可以通过自我暗示彻底改变自己。我们可以接着推论：连自己都可以彻底改变的方法，难道还不足以说服他人吗？

拿破仑·希尔在《思考致富》一书里就如何树立自信这一话题谈了自己的见解："要树立自信，首先必须摒除那种'我无论如何都会失败'的想法。恐惧是通往自信之路上的最大障碍。"而且他还提出了培养自信所需要的两个最为关键的要素:自我暗示和集中注意力。

说服他人之前,可以在心里默默地说一声:"我一定可以说服他。"这便是自我暗示的实际应用。

2. 知己知彼

即便没有读过《孙子兵法》的人,也会对"知己知彼,百战不殆"的道理了然于胸。说服虽然不是带兵打仗,但和军事上的两军对垒也有相通之处。试想一下,如果你对说服对象一无所知,那么你靠什么说服对方。所以说,知己知彼的策略同样适用于说服他人。

"知己"很好理解,就是知道自己擅长什么,不擅长什么。这一点很关键,因为你可以在说服的过程中把对方的思路、话题往自己擅长的方向上引导,这就相当于来到了你的主场,优势什么的都会转到你这边。做到"知己"的同时,还要把握好"知彼"。所谓"知彼",就是要对对方的个人情况有一个大体的认识,既不过高地评价对方,也不轻视对方。如果你对对方有一个清醒的认识,则即便他很难说服,你也不会过于慌张。一个人只要心不慌张,就会更有自信。

3. 声音洪亮

把说话声音的大小作为一个人是否自信的参考标准虽然有些武断,但是不能否认的一点是,很多不自信的人外在的主要表现之一就是说话声音小、吐字不清楚。事实上,这不但会给他人留下不自信的印象,而且长此以往,一个人的性格也会像他说话的声音一样,渐渐变得柔弱,从而丧失了朝气。

很多第一次上台发表演讲的人都会从有经验的人那里得到这样一条忠告：放开嗓子，让人们听到你洪亮的声音。难道麦克风还不足以让会场的人听到演说者的话语吗？原因当然不在于麦克风。实际上，他们的意思是，当你放开嗓子说话的时候，你就会很有自信，也就不会紧张。说服他人的时候，洪亮的嗓音也会让你产生同样的感觉。

4. 读书看报

说服的过程不单单是让对方"服"，而且还涉及很多"说"的技巧，甚至有时候说得到位了，对方自然就服了。当然，为了保障说得令人信服，你的肚子里必须有"货"。这里的"货"就是谈资。因为在说服的过程中，我们不可能预知所有可能涉及的话题，这就需要我们在平时对各方面的知识多加留意，多储备一些。

获取谈资的途径有很多，但最简单有效的办法就是读书看报。试想一下，如果你和一个很喜欢政治的客户坐在一起谈论对刚刚结束的美国总统大选有什么样的感受，或许你们俩人的观点都很老套，但这种"跑题"的聊天更容易加深你们之间的感情。谈资丰富了，沟通的氛围就会好很多，且感情也就到位了。感情到位了，说服还会难吗？

塑造良好形象，提升说服的筹码

如果我说口才在说服工作中很关键，那么我相信几乎没有人会反对；但如果我说形象气质在说服工作中也很关键，那么我估计赞同的人不多。事实上，形象气质虽然不像口才在说服工作中表现得那么抢眼，但它的价值依然不可低估。

如果我们仔细观察周边的人和事，便会发现形象气质对说服工作有着双向的影响。首先，一个人的形象气质受损，就会很自然地产生紧张、尴尬等情绪。一旦人被这种情绪左右，自信心和说话的逻辑就会受牵连，说服力也会相应地下降。其次，如果两个人的说服力相当，那么受众会更倾向于相信那个形象气质更佳的人。所以，任何忽视形象气质的行为都可能给说服工作带来巨大的障碍。

那么，究竟该如何提升自己的形象气质呢？下面便是对提升形象气质非常有帮助的两点建议。

1. 借言谈举止树形象

（1）使用礼貌用语。"讲文明、懂礼貌"是我们从小就开始接受的一种观念，它绝非小孩在老师或者家长面前表演的游戏。当然，我们可以用"绅士行为"来代替那些像儿歌式的说教，但在具体做法上并没有本质的区别。按照我们中国人的思维，在亲人或者很熟的朋友面前，无须过于礼貌。其实，在熟人面前真正合理的做法应该是忽略掉行为上的繁文缛节，但在用语方面不能随意，比如我们常说的"请""谢谢"等，该用时不能省。要知道，你的形象气质正是这些看似多余、实则非常重要的要素一点一滴地积累起来的。

（2）发挥微笑的魅力。人的面部表情非常丰富，笑的多样性便是最好的证明。但是在所有的笑容里面，微笑是最贴近人的本能的一种笑。另外，微笑没有冷笑的嘲讽，也没有大笑的夸张，所以更能够温暖人的内心。不管是自己在说，还是听对方说，都要面带微笑。脸上始终保持微笑的人才更有魅力，也更有说服力。

（3）注意谈话时的姿势。如果要在人的言谈举止里面选择一个能够最直观反映出人的形象气质的点，则非"谈话姿势"莫属。交谈时，如果你总是东张西望或者哈欠连天，则势必会给人以心不在焉或者傲慢无礼等不良印象。所以，为了保持交谈的顺畅，重要的是为了保证你的言语在对方心里有足够的分量，就一定要端正自己的谈话姿势，比如最基本的正视对方、点头赞许等。

（4）保持原有的个性和特质。有些人在社交场合总担心没有出众的言论来吸引他人，以至于神情紧张、动作迟缓。其实，这些都是自尊心太强惹的祸。每个人都有自己的性格，言谈举止方面的个性也有很大的差异，只要放松心情，把自身既有的特点发挥出来，就是形象气质的最佳展现。

（5）保持幽默感。在交谈过程中，如果你与对方产生了意见上的分歧，幽默、诙谐的语言就会成为这种尴尬、冲突的缓冲剂。当然，有些幽默感是靠临场发挥的，有些则是平时日积月累的结果。为了提升自己在谈话过程中的幽默感，平时积攒一些幽默素材还是非常有必要的。

2. 用穿衣打扮衬气质

（1）着装。在着装方面，女性比男性的选择空间大。一般情况下，男士的正装就是西服，而女人则可以根据具体场合、要见的人等在职业装、中性装、时髦装、迷你装之间进行选择。男人的气质基本上就是通过正装体现出来的，而女人则会因为穿衣风格不同而展现出不同的气质。一般情况下，职业装干练，中性装沉稳，时髦装大气，迷你装性感，所以女士在着装方面一般都要多了解一些，且要谨慎选择。

（2）鞋。毫无疑问，皮鞋是人们在彰显气质方面最常用的"工具"。通常，男女在选择皮鞋的时候侧重点不同。男人更在乎鞋料的舒适和质感，而女性则更在乎颜色、款式和风格等。或许是为了满足不同的消费者对皮鞋的多元化需求，有些皮鞋上会有一些饰物。当然，带饰物的皮鞋更适合在私人场合穿，如果在公共场所或者正式的社交晚会，皮鞋还是简单一点儿好。

（3）随身包。曾经有这样一种说法：没有皮鞋，女性连步都不想动；没有皮包，女性连门都不会出。虽然有点儿夸张，但至少说明了皮包在女性穿衣打扮方面的重要性。当然，包本身就像单一的饰品一样，无法衬托人的气质，它需要和人的服装、身份搭配，才能将气质最大化地展现出来。所以，你当天穿了什么样的衣服，以什么身份去做什么事情，都是在选择随身包时不得不考虑的因素。

（4）饰物。饰物虽然只是人们穿衣打扮的附属品，但在人的气质衬托过程中扮演着非常重要的角色。作为附属品的饰物，种类非常繁多，比如帽子、耳环、纱巾、戒指、手链等。任何人都知道，饰物并非越多越好，也绝非越艳越好。为了更好地衬托个人的气质，人们可以结合自身的情况有选择地戴几件饰物，而其中比较大众化的饰物有项链、手表、戒指等。总的来说，在饰物的佩戴方面，要遵循这样一个原则：与其配一身花花绿绿，不如戴一件称心如意。

以上我介绍了言谈举止、穿衣打扮对于形象气质塑造的重要性和必要性。事实上，这两者的关系是互为映衬的。也就是说，即便你穿着得体、打扮时尚，如果言谈举止很轻浮，那么你的得体、时尚在对方眼里都会显得很肤浅；或者说，即便你言谈有礼、举止从容，如果穿着打扮过于随意，那么也无法在对方心里留下很好的印象。

还没有成功说服，是因为你的说服方式用错了

说服他人，有很多战略。至于究竟采用哪一种战略，主要看要说服的对象是谁，对方与你的关系怎样。其次，再看你说的事情属于什么性质。是工作方面的，还是生活方面的？是严肃的，还是活泼的？我们固然坚信"条条大道通罗马"，但也应该相信，从我们启程的那个地方到罗马终究会有一条最近的、最适合我们的路。成功地说服对方就是我们的目的地——罗马，而好的战略就是那条最近的、最适合我们的路。

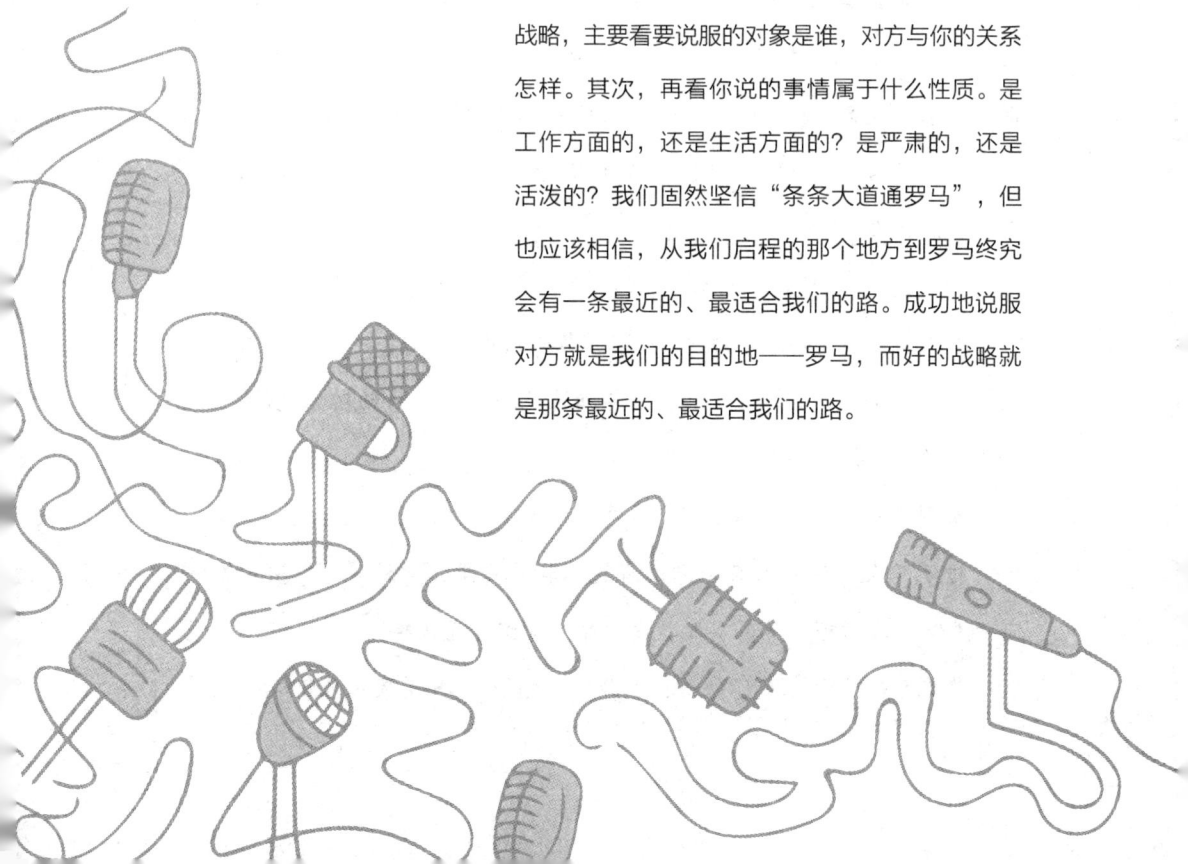

沟通式说服：在循循善诱的沟通中说服对方

一个美国老人有3个儿子，其中，大儿子和二儿子都在城里工作，小儿子和他一起住在农村。有一天，突然有一个人来找老人，问道："尊敬的老人家，我希望把你的儿子带到城里去工作，你觉得怎么样？"

老人很生气，愤怒地说："绝对不行，我现在和他相依为命，他走了，我怎么办？"

那人说："如果我在城里给你的儿子找个对象，怎么样？"

老人虽然怒气消除了许多，但依然摇着头说："不行，你还是走吧。"

那个人并没有放弃，接着说："如果我给你儿子找的对象是洛克菲勒的女儿的话，你觉得怎么样？"

听到这里，老人动心了。

过了几天，这个人又来到了洛克菲勒的家里，对他说："尊敬的洛克菲勒先生，我希望给你的女儿找个对象，你觉得怎么样？"

洛克菲勒听后大怒："快给我滚出去，我的女儿不需要你来介绍对象！"

这个人面容依旧沉稳，继续说道："如果我给你女儿找的对象是世界银行的副总裁，你觉得如何？"

听到这里，洛克菲勒同意了。

又过了几天，这个人来到世界银行总裁的办公室，对他说："尊敬的总裁先生，你应该马上任命一个副总裁！"

总裁先生吃惊地说："这怎么可能，我已经有好几个副总裁，为什么还要任命一个副总裁呢，而且必须马上？"

这个人说："如果你任命的这个副总裁是洛克菲勒的女婿，你还有迟疑的必要吗？"

听到这里，总裁同意了。

对于这个故事的真实性我们没必要细究，但它里面所呈现出来的沟通的力量却很值得我们思考。美国"超级销售大王"弗兰克·贝特格在对自己近30年的销售生涯进行总结时说过这样一句话："交易的成功，往往就是口才的成功。"事实上，我们也可以把他的这句话换成"说服的成功，往往就是沟通的成功"。人们往往会在一开始对一个人、一件事或者一种观念抱有偏见，但是只要沟通还能进行，就还有希望成功地说服。

上述故事中的这位主人公在开始进行说服的时候无一例外地遭到了拒绝，但最后大家都顺从了他的想法。这个故事至少给了我们两方面的启迪：第一，信心很重要；第二，说话技巧很重要。有信心，你才敢把那些天方夜谭的点子说出来；有技巧，你的说服才能让对方舒舒服服地接受。

在销售行业流传着这样一句话："会说话，销售就像坐电梯；不会说话，销售就像爬楼梯。"说话的方法影响着你在顾客心目中的形象，而说话的技巧则决定着你说服工作的成败。真正的说话高手能够让对方从你的言谈举止中感受到一种信任，并甘愿被你说服。

有个小伙子到一家大型百货公司应聘销售员，经理让他先试用一天，然后再决定是否正式录用。下班后，经理问他做了几单生意，结果他回答说只有一单。要知道，别的刚参加面试的销售员一天勤勤恳恳地工作下来，至少也能够做成七八单生意，而他一单的业绩在经理看来的确有点儿寒酸。本来经理已经决定让他走人了，但还是顺嘴问了一句："你这一单的销售额是多少？"

"40万美元。"小伙子答道。

听到这里，经理半天没缓过神来，因为即便是公司最优秀的销售员也很少有一天销售超过5万美元的，而这位才第一天上班的新人却做到了40万美元。

"40万美元……你究竟卖了多少货？"经理略显尴尬且又急切地问道。

"有位先生说要鱼钩，但因为是新手，所以不确定选择什么样的鱼钩。正好我经常钓鱼，对这一方面的知识多少了解一些，便向他推荐了几款。后来在和他的沟通中我了解到，他是一家上市公司的老总，而且空闲时间非常多，对钓鱼的热情也非常高，就把在海上和湖面上钓鱼的工具都给他推荐了一遍。随后，我建议他把大、中、小号鱼钩和鱼线都买了，因为可以在不同的环境感受到钓鱼的不同乐趣。我问他最希望去哪里钓鱼，他说海边，所以就建议他买一条可以在海边钓鱼的小船。结果带他到卖船的分公司后，他选了一艘有两个发动机的帆船。"

听到这里，经理显然已经目瞪口呆，有点儿不敢相信自己的耳朵。

"只是想买鱼钩的顾客，你是怎么说服对方买这么多产品的？"经理问道。

小伙子笑着说："不，他刚开始只是随便看看，并问了我一下明天的天气怎么样。我说很好，非常适合钓鱼。结果我们的话题就聊到这上面了，后面他的需求都是我一步步地挖掘出来的。关键是我和这个人聊得很投机，而且他也很大方，然后就成交了这么多产品。"

有人会认为这样的例子太过夸张，或者说纯属偶然，因此不具有普遍性。但是作为销售人员，我们应该能够从中看出这个小伙子对于客户需求的敏感把握。事实上，他并没有用什么特别的技巧，也没有对顾客进行任何欺骗。所有的一切，都是在有条不紊的沟通中进行的。

赞美式说服：为你的说服加点儿蜜语

赞美也能说服别人？这是很多人看到这一标题的第一个疑问。当然，赞美本身只是说服的一种方式、一个过程，至于最后是否能够达到自己想要的结果，还需要看我们如何利用其他技巧将赞美的作用发挥到最大化。

王倩在一家建材城当导购，因为长期在销售一线工作，所以对顾客的心理有着非常精妙的把握。一次，有位顾客在一款地板面前驻留了很久，王倩便走上前对顾客说："您的眼光太好了，这款地板是上个月的销量冠军，也是我们公司的主打产品。"顾客问了一下价格，王倩说："这款地板的原价是175元一平，现在折后的价格是160元一平。"

"好像有点儿贵啊，能便宜吗？"

"您家在哪个小区？"

"在世纪星城小区。"

"世纪星城应该是市里很不错的楼盘了，听说小区的绿化非常漂亮，而且交通也方便。现在这么好的小区不多了，您能住在那里，真是好福气啊！"

顾客听了这些话，也得意地笑了笑。

王倩接着说："您今天来啊，正是赶上好时机了，我们公司近期正在对世纪星城小区和幸福家园小区做一个促销活动，这次还真能给您一个团购价的优惠。"

顾客为难地说："不过小区现在还没交房呢？没有具体的面积怎么办呢？"

王倩说："这您不用担心，您要是现在就提货还优惠不成呢，因为我们公司按规定要达到30户以上才能享受优惠，今天加上您这一单才27户，还差3户。不过，您可以先交定金，我给您标上团购，等您家面积出来了，再告诉我具体的面积和数量。"

就这样，顾客提前交了定金，一周之后，这个订单也搞定了。

俗话说："爱美之心人皆有之。"赞美之所以能够成为说服的工具，是因为它抓住了人们爱美的本性。当然，这里的美不是指外表美，而是被人赞美后在心里酝酿出来的喜悦。不过有时候，赞美并不能给他人带来喜悦，反而会让对方尴尬，但也能达到说服的效果。这是怎么回事呢？我们不妨再看一个例子。

胡兵在深圳经营了一家书店，生意也一直不错。曾经有一段时间他特别苦恼，因为尽管店员已经非常用心了，而且店里也安装了摄像头，但书店里的书还是屡屡被偷。于是，他在书店门口放了一个公告栏，上面写着：偷窃是一种犯罪行为。

结果，偷书行为丝毫没有减少，丢的书反而更多了。这让胡兵很是苦恼。后来，偶尔在翻阅一本教人说话技巧的书时，胡兵学到了一种借用措辞来达到说服目的的方法，便决定一试。

第二天，他依旧把公告栏放在门口，只是上面的字换成了：感谢读者的协助，盗书贼已被捉到。结果，接下来几周，丢书的数量急剧下降。

要知道，"偷窃是一种犯罪行为"只是一种痛斥。对那些没有偷书的读者而言，这是一种恶意的提醒；而对那些偷书贼来说，这只会刺激他们的心灵。

相反，赞美的方式对没有偷书的读者来说，就是一种充满善意的鼓励；而对那些偷书的人而言，也是一种警告和提醒：小心，说不定你的行为就会被哪个读者发现。要知道，以前偷书贼只会防范书店管理员和监控器，而现在他们要防范书店里的每一个人。而那些前来买书的读者，因为看到了这样的提醒，也会在心里形成这样一种意识：看来我也要像那些主动举报偷书行为的读者学习。由此可见，这种赞美式的公告可谓一举多得。

幽默式说服：于小幽默中彰显说服力

　　幽默就像是润滑剂，可以减少与他人沟通中的摩擦，化解冲突，可以让你从容地摆脱沟通中的各种困境。幽默感是一个人社交能力的体现，同时也是人们在说服他人时强有力的策略。下面，让我们来看看美国谈判大师荷伯·科恩是如何运用幽默，成功住进"总统房间"的。

　　一次，荷伯乘飞机到墨西哥城主持一次谈判研讨会。抵达目的地后，他才发现旅馆已经客满，无法为他提供房间。

　　荷伯当然不接受这样的怠慢，决定施展自己的看家本领。他找到旅馆的经理，问道："如果墨西哥总统来了，你们会怎么办？你们肯定会为他提供一个房间的，对不对？"

　　经理回答："当然，先生。"

　　荷伯一听，笑着说："好吧，他没有来，所以，我就先住他那间。"

　　经理被他的机智和幽默折服了，最后，荷伯顺顺利利地住进了"墨西哥总统的套房"。但是，有一个附加条件，那就是：如果总统来了，他必须立即让出。当然，谁都知道这种可能性几乎为零。

要在酒店居住，首先必须有房间，那么这个房间怎么才会出现呢？很简单，必须虚拟出一个特殊的状况，比如说总统来了。一旦从经理那里得到了会有房间的肯定答复之后，事情就好办了：既然总统现在没有来，那就先由我荷伯来暂住吧。这样的机智幽默，可谓巧妙至极，面对这么睿智风趣的人，经理怎么忍心拒绝呢？

其实不仅西方人善用幽默，我们中国人也有自己的幽默方式，而且更谦逊、更文雅。

抗战胜利后，张大千打算从上海返回四川的老家，好友设宴为他践行，梅兰芳也在送别友人之列。宴会开始后，张大千希望梅兰芳坐首座，但对方不肯，除非他能够说出个所以然来。只见张大千悠然地说道："梅先生是君子，理应坐上座，我是小人，自然陪末座。"听后大家都一脸茫然，不知道是什么意思。张大千接着说："我们中国不是有句老话叫'君子动口，小人动手'吗？梅先生是唱戏的，自然是动口，而我是画画的，经常动手，所以说梅先生是君子，我是小人。是君子，理当坐上座。"

听完张大千的解释，众人都开怀大笑，而梅兰芳也没有再拒绝张大千的谦让。张大千的话表面上像是在自贬，但谁都可以听得出来这只是玩笑话。这样的幽默，不仅烘托出了一种祥和的气氛，而且凸显了张大千的胸怀。重要的是，张大千顺利地实现了自己的目的：让梅兰芳坐上座。

不可否认，有些说服，我们必须多花点儿心思，多动点儿脑筋，而且即便你这样做了，最终也未必会成功。但是我们也要知道，有些说服只需要你懂点儿幽默，就可以轻松地实现目标。总之，当说服别人答应自己的要求时，我们不妨先幽默一番。只要对方被你的幽默打动了，笑了，自然就会心悦诚服地接受你的观点，你就能取得令自己满意的效果。

幽默是一种善意的表达，而且也会得到很多善意的回应。但是，有时候，我们不经意间的幽默也会给他人造成伤害。这就要求我们在用幽默进行说服时，一定要把握好分寸。大体上讲，我们在用幽默的方式与人互动时，需要在以下几方面多加留意。

1. 留心场合

我们所在的场合大体上可以分为两类：正式场合和非正式场合。在正式场合上，要尽量少用幽默，少开玩笑。在非正式场合，可以针对具体的人，结合具体的事情，说合时宜的幽默的话。

2. 注意方式

所谓的方式，主要是针对人而言，因为同样的幽默放在不同的人身上，所起到的效果可能会截然相反。对那些性格开朗的人，幽默的时候可以适当地夸张一点儿；而对那些性格内敛的人而言，幽默最好儒雅一点儿，不要让对方感到尴尬。

3. 掌握分寸

我们常说"凡事都有度"，幽默自然也如此。如果你不确定自己的幽默是否合适，就最好不要说。

4. 避人忌讳

真正的幽默高手是拿别人的长处来赞美的，而蹩脚的幽默总拿人家的短处来调侃。在运用幽默之前，我们一定要对他人的忌讳或者当地的风俗有所了解，以免在运用幽默的时候陷入失礼的境地。

激将式说服：说服中加点儿动人的难听话

所谓"激将式说服"，就是指通过刺激人们的自尊心和逆反心理中积极的一面，激起他们不服输的情绪，并将其潜能发挥出来，从而达到不同寻常的说服效果。这种说服方式在古今中外的历史中很常见，而且不管是涉及战争这类大事，还是诸如购物这种生活琐事，都会用到。比如，女士在挑选化妆品时，往往会因为品牌众多而犹豫不决，不知道该买哪一个好。这时，销售人员不妨这样说："要不征求一下您先生的意见再做决定吧？"事实上，很多女士都会回答："我自己可以做主，这事不用和他商量。"这种浅层次的激将式说服就隐藏在日常的沟通之中，很多人甚至都感觉不出来。当然，即便有些激将法被对方察觉出来了也无妨，只要你的措辞得体，就可以实现自己的目的。

需要注意的是，激将法属于一种逆向说服法，需要较高的技巧，运用时需要注意以下几个方面。

（1）激将的对象一定要有所选择。一般来说，可以采用激将法的对象有两种。第一种是不够成熟、缺乏经验的对手。这样的人往往有自我实现的强烈愿望，总想在众人面前证明自己，容易为言语所动，这些恰恰是我们使用激将法的理想突破口。第二种是个性特征非常鲜明的人。他们自尊心强、好面子，而他们鲜明的个性特征就是说服的最佳突破口。

（2）激将法应该在不损伤对方人格尊严的前提下运用，切忌以隐私、生理缺陷等为内容贬低对方。特别是在一些商务谈判中，最好选择"权力高低""能力大小""信誉好坏"等去激对手，效果会更好。

（3）使用激将法要掌握一个度。没有一定的度，激将法非但收不到应有的效果，反而可能产生消极后果。

（4）使用激将法最好隐晦一点儿，不能太露骨，最好是激而无形，不露声色地让对方朝自己的预期方向发展。如果激将法太直接，被对方识破，就会让我们陷入被动。

（5）要知道，最终让激将法产生效用的是你的语言，而非态度。所以，用语要切合对方特点，态度要和气、友善。

激将法本身对说服有着非常大的帮助，但在运用的过程中要因人而异，要摸透对方的性格、脾气、思想感情和心理。比如，对那些理智、老谋深算的"明白人"，不宜使用这一方法，因为他们根本就不会就范。另外，对那些自卑、谨小慎微的人，也不宜使用此法，因为这些人会把那些富于刺激性的语言视作奚落和嘲讽，进而会产生消极悲观的情绪，甚至产生怨恨的心理。

除了在使用时要看清楚对象、环境及条件之外，运用激将法还要掌握分寸，既不能过急，也不能过缓。过急，欲速则不达；过缓，对方可能会无动于衷，甚至无法激起对方的自尊心，也就达不到目的。

在运用激将的过程中，人们总结出了一些更为细化的方法，比如把激将法分为直激法、暗激法、导激法。所谓"直激法"，就是面对面、直截了当地贬低、刺激对方，以达到使对方"跳起来"的目的。所谓"暗激法"，就是有意识地褒扬第三方，暗中贬低对方，激发对方产生压倒、超过第三方的欲望。所谓"导激法"，就是在刺激对方的时候做到"激中有导"，用明确或诱导性的语言把对方的热情激发起来，引导到你所希望的方面来。事实上，每一种更为细分的方法都可以运用到更为细分的场景中去。

激将固然是为了改变对方的意志，但有时候，如果你意识到对方也正在采用这样的方式来改变你的意志的时候，就要提高警惕。总之，我们在使用激将技巧的同时，也要学会识破他人的激将法。特别是在商务谈判中，要沉着冷静，不为对手所激。

红白脸式说服：必要时来点儿软硬兼施的说服策略

"红白脸"原本是中国传统戏剧中的说法，一般把忠臣或者好人扮成红脸，而把奸臣或者坏人扮成白脸。后来，人们索性就用红脸代表好人，用白脸代表坏人。不过随着时间的推移，这种用法也发生了改变，更多的时候，它是表示在做一件事情的时候，有的说好话，有的说坏话。"红脸""白脸"一起戏弄或欺骗当事人，这种情况被说成"有唱红脸的，有唱白脸的"。当然，并非把"红脸""白脸"凑到一块就是戏弄或者欺骗，事实上，还要看当事人是什么样的人。如果当事人为非作歹，那么红白脸式说服就是行善。所以，作为说服的一种策略，"红白脸"本身并没有好坏之分。

刘东和庞海是同事，因为两个人平时就能说会道，而且都是公司的中层领导，所以每次出游的时候，他们都是正副领队。一次，公司组织大家到北戴河游玩。当忙碌了一天赶到宾馆时，大家却被宾馆的工作人员告知，因为他们工作的失误，已经提前订好的带单独浴室的套房里没有热水。刘东和庞海被宾馆的工作人员领着去见了宾馆经理，下面是他们三个人的对话。

刘东："实在抱歉，这么晚还来打扰你。但是我的同事们在路上走了一天了，而且天气这么热，晚上不洗澡怎么睡觉呢？而且我们预定的时候，已经告知过供应热水的事情，你们当时还说没什么问题。"

经理："你说的没错。这个故障有点儿突然，而负责维修锅炉的师傅又正好不在，所以我们也没有办法。不过，我已经安排工作人员为你们开了集体浴室，所以你们可以到那里去洗澡。"

庞海："去集体浴室没问题，不过有些事情咱们要提前沟通好。之前预订的套房的价格是450元一间，而现在里面不能洗澡了，那就和普通客房没什么区别了，所以这个价格也要降低。按照你们标出的价格，应该是200元一间。"

经理："这个恐怕不行，因为套房的其他服务并没有因此而减少什么，只是不能洗澡罢了。"

庞海："不降价也可以，那你们就为套房供应热水。"

经理："这个是真的没有办法，因为维修人员现在已经回家了。"

此时，作为主领队的刘东发话了："我理解你们的难处，不过你们也要理解我们的难处。你看能否给维修师傅打个电话，让他回来维修一下，我会安抚好我的同事，让大家多耐心地等待一会儿。"

听刘东这样一讲，经理感觉也不好再说什么了。结果，经理还是派人联系了维修师傅。就这样，一个小时后，每个套房都供应了热水。

其实，经理只是嫌麻烦，一开始抱着侥幸的心理想搪塞过去，只是没想到客人这么较真。当然，如果按照庞海的方式，一直强硬到底，则经理肯定也会与之对抗，最后未必会遵从他的意见。后来还是刘东唱了一次"红脸"，当了一次好人，用一种比较客气的方式与经理交涉，才有了经理后面的顺从。

唱"红脸""白脸"听起来简单，但在实际操作过程中并不太容易，而是需要一定的技巧。比如，那个唱"白脸"的人在渲染负面结果的时候，要把握好一个度，不能把话说得太狠了；否则，很可能会激起听者的反抗意识，到最后来个"鱼死网破"也说不好。所以，在讲具有威胁性的话的时候，需要对听者的心理有一个把握。

为了让说服效果达到最佳，不管是"白脸"的威胁，还是"红脸"的抚慰，都需要在以下几个方面多加留意。

（1）态度要友善。即便是威胁，也不能让对方从你身上感受到毫无道理的恶意。

（2）理由要充分。你可以责难对方，但是你责难的理由要充分。

（3）适可而止。任何事情都需要把握一个度，在用这种方式进行说服的时候，更应如此；否则，威胁得太过分了，结果只能适得其反。

倾听式说服：倾听是更高段位的说服术

在商业会谈中，有一种"神秘的"说话技巧，即专心致志地倾听。事实上，成功的商业交往并没有想象中那样神秘，只是很多人不懂得倾听的价值罢了。关于倾听的价值，我们根本不必去商学院或者口才班就能领悟，因为这一道理很明显。很多商家经常会遇到这种情况：租了豪华的店面做生意，橱窗的设计也很到位，完全可以打动人心，而且还不惜投入巨资大做广告，可是他们雇用的服务员却因为自身的失误，白白浪费了或者抵消了商家在店面上的投资，因为他们不懂得如何做一个倾听者。有些服务员会打断顾客的谈话，反驳他们的观点，甚至激怒他们。实话说，这是一种很不理智的行为。

张勇在一家百货商场买了一套西服，可是穿上之后，发现上衣褪色，而且把他的衬衫领子都弄黑了。失望之余，他将这套衣服带回商场，打算找售货员理论。不过，当他正在诉说衣服的有关情形时，话还没说完就被售货员打断了。

"这种衣服我们已经卖出了好几千套，"这位售货员反驳道，"你还是第一个来挑毛病的。"

这是售货员说的话，而他那满是火药味的腔调听起来比这更让人难以接受，好像在说："你说谎。你想欺负我们，是不是？那好，我可要给你点儿颜色看看。"

正当两个人吵得不可开交的时候，另一个售货员加入进来。他说："所有的黑色衣服起初都会褪色，这是很自然的事。这种衣服就这种价格，当然会那样。那是颜料的关系。"

听完第二位销售员的话，张勇感觉再也不能忍受了，顿时火冒三丈。当张勇正想骂他们的时候，售货部经理走了过来。他并没有说什么话，而是静静地听张勇从头到尾讲了一遍事情的经过。在张勇说完之后，那两个售货员又想说他们的意见，但是这位经理站在张勇的立场反驳了售货员。这位经理先是承认张勇衣服的领子显然是被西服弄脏的，并且坚持对那两位售货员说如果商品不能让顾客满意，他们商店就不应该出售。

最后，这位经理承认他不知道毛病的原因所在，并坦率地对张勇说："你希望我如何处理这套衣服？你说什么我们都会努力做到的。"

就在几分钟以前，张勇还想退掉那套衣服，不过，他在回答这位经理的话时，却是这样说的："我只想听听你的意见。我想知道这种情况是暂时的还是毫无解决的办法。"

于是，经理建议张勇将这套衣服再穿一个星期，并说道："如果到时候你仍不满意的话，我们一定给你换一套满意的。这样给你添麻烦，我们非常抱歉。"

就这样，张勇满意地走出了这家商店。一星期后，这套衣服再也没有出任何问题，而他对那家商店的怒火也完全消失了。

　　同样的问题，由不同的人来解决会出现截然不同的结果。那么为什么会出现这样的反差呢？关键就在于你是否会当听众。那位售货部经理之所以能进入管理层，正是因为他深谙说话的艺术，或者说他懂得倾听的道理。会当听众的交谈者，可以从谈话对象那里获得最全的信息，了解问题的症结所在，重要的是，让对方倾诉本身就是缓解他们抱怨、愤怒非常管用的"特效药"。一旦他们说完了，抱怨等负面情绪也会消减一大半。相反，那些据理力争、针锋相对的人，非但不能在道理上让对方认可，也无法在情感上让对方顺从，最后只会将矛盾激化。

　　倾听具有一种神奇的魅力，即便是那种最激烈的批评者，或者最挑剔的人，也常常会在一个具有忍耐心和同情心的倾听者面前态度变得柔和、友善起来。

　　纽约电话公司曾经遇到过这样一位顾客，他不仅拒绝支付某些费用，认为那是不合理的，还写信给各家报纸，多次向公众服务委员会投诉，且好几次向法院起诉这家电话公司。有时候，他还会对上门服务的接线员进行歇斯底里的咒骂，而且威胁要毁掉电话线路。电话公司尝试了各种办法，都无法消除这位顾客的投诉、咒骂。最后，公司派了一位经验丰富的调解员去见这位喜欢找麻烦的顾客。

　　到了这位顾客家中之后，调解员没有说任何话，只是静静地听他说话。无论对方说什么，调解员都静静地听着，并不断说"是"，表示对他冤屈的同情。

　　这位调解员在叙述他的调解经历时说："他继续毫无顾忌地说他的

话，而我则静静地坐在那里听了将近3个小时。后来，我又多次去他那里，并再静静地听他诉说。我总共见过他4次，而在第四次访问即将结束之前，我已经成为他正在创办的一个组织的主要会员了。他将这个组织称为'电话用户权益保障会'，我现在仍然是这个组织的会员。然而，据我所知，除了这位老先生之外，我是他这个组织里唯一的会员。

"在这几次拜访中，我始终都是倾听者，并且赞同他所谈的任何一件事。以前从来没有电话公司的人像我这样和他谈话，这使得他变得几乎友善起来。我在第一次访问他时，并没有提到见他的目的，在第二次、第三次，我也没有提到我的目的。但在第四次，我使这个问题有了完美的结局——老先生将所有的欠费都付清了，并使他自从与电话公司作对以来，第一次撤销了他向公众服务委员会的投诉。"

从表面上看，这位顾客是在保障公众的权利，不愿意看到自己的权利被无情地剥夺，但他实际上是在追求一种自重感。他先是通过挑剔和抱怨来得到这种自重感，一旦他从电话公司的代表那里得到了自重感时，他那所有并不真实的冤屈就立即消失了。

要想说服那些难缠的人，首先就要做一个善于倾听的人。要做到这一点其实并不难，你不妨问一些他们喜欢回答的问题，鼓励他们开口说话，让他们说说他们自己以及他们所取得的成就等。

门罗式说服：利用门罗五步法提升说服力

美国大学协会老牌院校普渡大学一位名叫阿兰·门罗的教授，曾经基于心理学的理论创建了一套能够有效将演讲者的想法传递给听众并说服他们响应某些号召的演讲模式——门罗五步法。这套模式的最大特点就是通过调整演讲内容的顺序来达到最大的说服效果。它从获得听众的注意开始，然后一步一步将听众引入自己预先设计的框架中去，最终不仅解决了听众的问题，也推销了自己。

最早从这种模式里面尝到甜头的是一些政客，他们频繁地在各种场合使用这种模式。事实上，除了演讲，门罗五步法也在报告、写作等任何需要组织和安排信息的地方运用。下面便是门罗五步法说服的具体顺序。

1. 获得注意

获得注意并不是门罗式说服的特色，事实上，任何一个成功的演讲者都应该在演讲开始时让观众把目光投向自己。吸引大众目光的技巧有很多，比如人们最常用的幽默，或者讲一个惊人的事例，引用一串让大家震惊的数据，等等。当然，获得注意虽然是第一步，但它并不能代替演讲过程中的介绍部分，或者说吸引注意力应该成为介绍的一部分。另外，在演讲的开篇，你还需要表现出自己的可靠性，并阐述目标让听众明白你的预期。

2. 设立需求

要想说服对方做出改变，首先要让对方知道改变的必要，此时，你就要为对方设立需求。当然，此时功利心不能太强，也就是说，不要让对方从你设立的需求中联想到你的解决方案。

优秀的推销员在推销自己的产品时往往不会在一开始就让对方看自己的产品，而是先告诉对方有哪些缺陷需要弥补，并让对方意识到这种弥补或者改变的必要性。为了达到这样的目的，他们通常会使用一些统计数据来支持自己的观点，或者告诉对方维持现状会有怎样的后果等。当然，有时候为了让这种需求更加形象，他们也会向对方展示问题具体是怎么影响他们的。

要记住，这一步的主要目标是煽动听者不安的情绪，并让他们产生改变现状的意识。所以，不要在这个时候告诉大家你的解决方案。

3. 满足需要

设立需求就是为了满足需要，所以这一步的主要工作就是介绍你的解决方案。试想一下，如果你和某个公司的经理说他们的生产任务因为没有自动化而损失了几千小时的工作时间，那他肯定会毫不犹豫地让你为他们提供自动化服务。满足听众的需要从来都是演讲的重点内容，不过在演讲内容中所占的比例则取决于你的目的。介绍解决方案就是解释它的工作原理，解决听众的疑问，所以不能说得太快；否则，对方的思路容易跟不上。

在介绍解决方案、满足听众的需求时，需要把握以下要点。

（1）和听众一起讨论事实。

（2）讲话过程中要多总结，让自己的阐述更有条理。

（3）详细说明、仔细论证，以确保听众理解你的方案。

（4）清楚地阐明你希望听众相信或需要的任务。

（5）多用例子、数据等证明你的观点的有效性。

（6）提前考虑反对者可能会提出哪些问题，并构思如何回答。

4. 展望未来

如果说前三步只是在逻辑上说服听众，这一步就是在心理上说服听众。如果时间充足，则你可以从积极、消极两方面来展示；如果时间仓促，就选择最容易打动人的一方面。在展望未来的时候，最好现实、具体，而且越现实、越具体，效果就越好。告诉听众如果没有你的解决方案会怎样，有了解决方案后又会怎样，这种对比的目的就是要把听众的"欲望"烙进他们的脑海里。

在这一步中，你的目的只是让对方同意你的观念并促使他们采取和你推荐方法一致的行为。下面是你可以用来展望未来的三种方法。

（1）正面法：重点描述采用你的想法后会产生哪些美好的结果，强调积极的一面。

（2）负面法：重点描述不采用你的想法会有哪些不良的后果，强调消极的一面。

（3）对比法：先对不良后果进行描述，再对美好的结果进行描述，以形成强烈的对比。

5. 呼吁行动

演讲的最终目的就是呼吁听众根据你推荐的方案采取行动，所以这也是整个序列中最重要的一步。或许你已经在演讲过程中告诉过听众他们该做什么，但在此处还需要再具体地阐述一遍。不过，你所说的事情最好是一个在48小时内能做的一件事，否则，他们会忘掉。当然，说得越具体、越简单越好。

门罗式说服也被称为"门罗激励序列"，是提高演讲能力并被人们公认为具有影响力和说服力的经典方法。

懂点儿说服技巧，把话说到对方心窝里

有些说服就像是一场小规模的战斗，在很短的时间内就可以解决问题；有些说服就像是一场持久的战争，需要来来回回地与对方沟通，才能最终达到目的。针对小规模的说服，人们只需要运用一些简单的技巧；不过，针对稍微复杂的、持久的说服，人们就要在不同的阶段使用不同的说服技巧，才能将说服的工作不断往前推进。

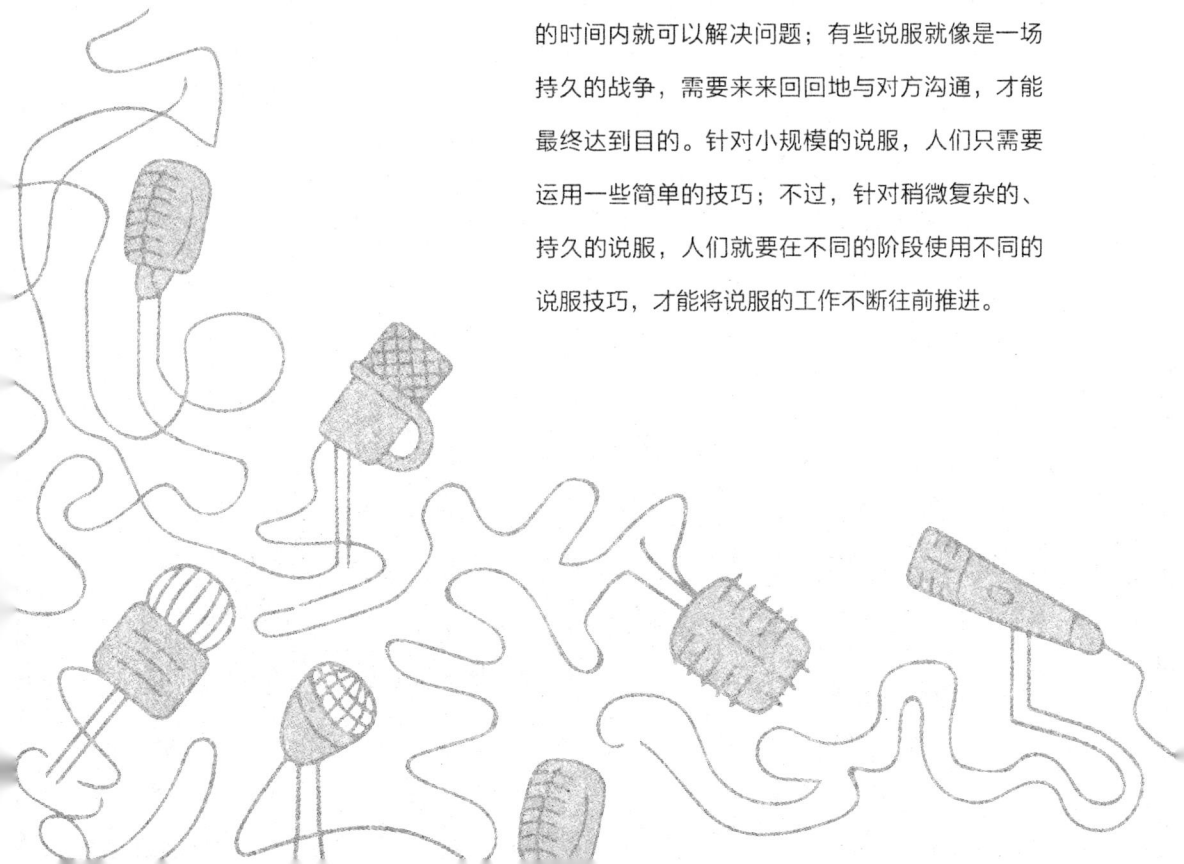

利用从众心理，搬出"大家"当靠山

从众心理有着非常广泛的应用，在很多场合或者领域都会用到。比如，在图书馆看书，你旁边坐着一位戴耳机正在听音乐的读者，音量太大，扩散出来的声音干扰到了你的正常学习。此时，如果你抱怨说："太吵了，能不能把声音关小一点儿！"对方或许会照做，但他不会向你道歉，还会对你表示反感。相反，如果你轻声地对他说："不好意思，打扰一下，你耳机的外音太大了，这样会吵到大家的，你看能不能把音量调小一点儿？"你这样说，相信对方除了照做之外，还会对你的提醒表示真挚的感谢。

人一般都有服从多数人意见的"从众心理"，也就是说，当你站在大众的立场向对方提出交涉时，即便你所说的情况只是一种假设，对方也会在这种心理的潜移默化的影响下，顺利地被你说服。这也是当你站在自己的立场要求对方，非但无法达到预期效果，反而会引来对方的反感的原因。当你把"大家"作为宾语的时候，就会把对方的怨言降到最低。相应地，你的说服效果也会达到最佳。

关于从众心理，美国社会心理学家所罗门·阿希曾经做过一个非常著名的线段实验。

这个实验非常简单，就是让大家在几条长短不一的线段中比较线段的长度。阿希拿出一张画有一条垂直线段的卡片，然后让大家比较这条线段和另一张卡片上的3条线段中的哪一条等长（见下图）。事实上，这些线段的长短差异非常明显，正常人很容易就能做出正确的判断。

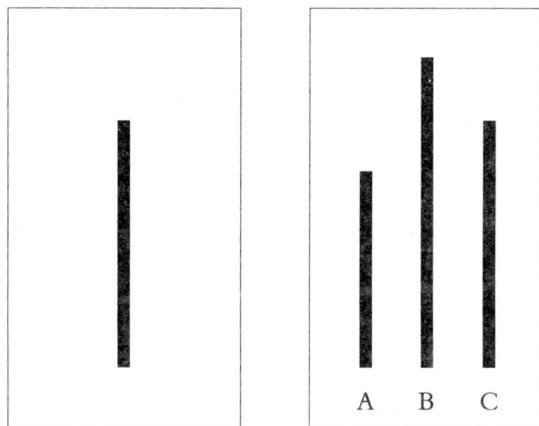

不过，阿希为这个实验设置了一些小小的"障碍"。他告诉前来参加实验的志愿者，这个实验的目的只是研究人的视觉情况。另外，当某个志愿者走进实验室的时候，他会发现已经有5个人先坐在那里了，他只能坐在第6个位置上。但是，这个志愿者不知道的是，前面5个人是跟阿希串通好了的假被试者（即所谓的"托儿"）。实验时，那些串通好了的被试者会故意做出错误的判断，于是，那个真正的志愿者就需要在他希望报告的结果和其他群体成员报告的结果之间做出选择。

这个实验一共进行了18次，结果令人震惊。在答案显而易见的情况下，仍然有33%的志愿者会遵从团体的不正确答案。另外，75%的志愿者会至少遵从一次。而团体不够大也会有如此的从众行为，当团体成员有2～16个人，只要有3～4个实验者的助手在其中，就会有效地让他人产生从众行为。

阿希的实验充分表明：有些人情愿追随群体的意见，即使这种意见与他们从自身感觉得来的信息相互抵触。群体压力导致了明显的趋同行为，哪怕是以前人们从未彼此见过的偶然群体。

当然，有时候人们的从众心理未必理性，但也正是因为它的这一特点，它才成为人们在进行说服工作时非常有效的工具。所以，在一些特定的情况下，运用从众心理往往会让说服变得简单。

在运用人们的从众心理进行说服的时候，需要遵循一些小技巧。如果能将它们运用到位，你就能让群众力量为己所用，极大地增强说服效果。

1. 告诉对方"这是潮流"

这种技巧特别适用于商业、销售领域，比如，你想推广自己的产品，就要把它打造成一种潮流，让人们觉得如果自己不买就落伍了。如果要选一个在这方面做得比较好的案例，则"脑白金"绝对算是其中一个。它那脍炙人口的广告语"今年过节不收礼，收礼只收脑白金"早已家喻户晓了。这种"说服"效果如何呢？数据是最好的答案：脑白金自1997年上市以来，已畅销中国20年；截至2014年，脑白金连续16年荣获保健品单品销量第一。

2. 找几个"托儿"

上文中讲到的从众心理的实验，如果没有"托儿"的辅助，就无法进行。所以说，"托儿"是人们运用从众心理进行说服时非常必要的要素。

3．搬出"大家"当靠山

既然是讲从众心理，自然要有"众"可从，那么这个"众"从哪里来呢？很简单，只要把"我"变成"大家"，从众心理自然会在对方心中成型，而你也就很自然地找到了靠山。

煽动恐惧心理，刺激对方的痛点

想说服他人动摇其某种心理或者促使其采取某个行动，可以采用各种各样的方法，其中有一个非常简单有效的方法就是煽动对方的恐惧心理，也可以理解为刺激对方的痛点。比如，你想劝诫小孩不要多吃糖，那么你先要明白，小孩子是更担心牙齿有洞呢，还是更担心身体变胖。如果他更担心身体变胖，那么你恐吓他糖吃多了会损坏牙齿就毫无价值。所以，要想刺激对方，就要刺激到对方的痛点。

美国宾夕法尼亚州贝伦特学院的心理学者玛丽·平托曾经分析了包括《福布斯》《新闻周刊》《时尚》等在内的全美最受欢迎的24本杂志中刊登的3 000多条广告，发现它们宣传某个商品时最常用的手法就是"煽动恐惧心理"。比如，它们会传递诸如"这样做不利于健康""那样做会让异性讨厌""再这样下去会变胖"等。事实上，这种做法也经常出现在父母对子女的教育方面。比如，父母经常会对子女说："现在不好好学习，将来连老婆都讨不到。""你要是再这样做，妈妈就不要你了。""经常说谎的人，鼻子会变长。"

从科学与道德的角度去考虑，父母是不应该煽动孩子的恐惧心理的，但涉及商业、职场、社交等领域，这一方法还是非常值得借鉴的。

帕特·莱利是NBA热火队的前主教练，也是入选奈·史密斯篮球名人纪念堂的人物。不过，与其他功勋级的教练相比，他并不擅长打好烂牌。2007-2008赛季，在热火队当家球星韦德因伤提前结束赛季的情况下，迈阿密热火队以15胜67负的战绩打破了NBA最差纪录就是最好的证明。不过，就洗牌而言，他绝对是NBA教父级的人物。比如2010年夏天，这位前传奇教练说服了2003届三巨头集体降薪，还同球队的当家球星德怀恩·韦德完成了续约，并且签约下勒布朗·詹姆斯和克里斯·波什。因为这一操盘，莱利也成功导演了热火建队以来最辉煌的一个休赛期。

韦德、詹姆斯、波什放在NBA任何一个球队都是"老大"级别的人物，那么他们为什么会听从莱利的安排，共同为热火队效力呢？原因很简单，他有着超出常人的说服技巧。

2010年，NBA超级巨星勒布朗·詹姆斯恢复自由身，成为多家球队狂热争取的对象：詹姆斯当时的东家骑士队大打亲情牌，并准备腾出薪水空间，准备以顶薪诱惑他；尼克斯队作为当时的夺标热门球队，准备了大量的数据，将詹姆斯加入后的经济收益清楚地展现出来；篮网队则重点强调球队的全新规划，以及球队即将迁往纽约，并在那里打造一个梦幻的球馆；公牛队和快船队虽然没有什么特色，但也依然对詹姆斯紧追不舍。那么，代表热火队的莱利是如何与詹姆斯会面的呢？事实上，莱利几乎没有说什么，而是把自己已经获得的五枚总冠军的戒指摆在了詹姆斯的面前。

对于莱利的做法，ESPN（娱乐与体育节目电视网）赞不绝口："与其他球队的长篇大论相比，菜利的做法就像是投中制胜球的乔丹：短促有力，让人的心灵产生强烈的震撼。"谁都知道，詹姆斯最渴望的就是总冠军。菜利就是想用这种方式让詹姆斯明白：来热火队，我让你也拿一枚总冠军戒指。

菜利是NBA公认的头号演讲大师，他对球员的心理观察入微，知道该用什么样的言语激发球员的斗志。同样，他也熟知球员的心理弱点，知道用什么样的方法能搞定对方。对已经两次获得常规赛最有价值球员（MVP）、6次当选全明星球员的"小皇帝"詹姆斯来说，没有什么比总冠军戒指更有吸引力的了。对总冠军的欲望愈强烈，失去总冠军的想象就会愈发令人恐惧。这一点，菜利心知肚明，这也是他能够说服詹姆斯的原因。因为这一招，菜利总是可以从其他球队挖到自己想要的人。

说服他人的时候，最直接、有效的办法就是明确对方的弱点和需求，然后猛攻他的要害。相反，如果抓不住重点，刺激不到对方的痛点，说服之路就会遥遥无期。

巧用标签效应，给对方戴上"高帽子"

　　心理学家克劳特曾经做过这样一个实验：随机选出一批志愿者，让他们对慈善事业进行自愿捐款，然后根据是否有捐款以及捐款的多少将这批人分为"慈善的人"和"不慈善的人"。另外，还有一些参与者则没有被下任何结论。过了一段时间，再让这些人去捐款，发现第一次捐款时被说成是"慈善的人"比那些没有被下过结论的人捐款要多，而那些第一次被说成是"不慈善的人"则捐得最少。

　　心理学家将人们的这种心理现象定义为"标签效应"，并认为当一个人被下了某种结论之后，就像是被贴上了某种标签。而一旦有了这样的标签，他自己就会做出相应的印象管理，从而使自己的行为与所贴的标签内容相一致。比如，你对小孩说："你真是太聪明了，而且又这么刻苦，在学校一定是好学生。"听到这样的评价，小孩子肯定会在学校里表现得格外用心，而且一心往大人评价的方向努力。相反，如果总是在小孩子面前说"你这个笨蛋，做什么都做不好，有什么用"，则可想而知，这样的小孩会如同大人所说的一样，真的会在学习方面表现得像个笨蛋。

其实，标签有好的一面，也有坏的一面。好的标签可以激发潜力，而坏的标签则可以让一个人误入歧途。标签可以用在认识的人身上，也可以用在陌生人之间。比如，你和某人初次见面，而且你们将来会有某种合作的关系，你希望对方是一个有决断力的人。此时，你不必与他促膝长谈，只需在短暂接触后，就可以夸他是"一个很有决断力的人"。放心，即便对方不是这样的人，他也会被你这句话约束，从而在接下来的行为中表现出"有决断力"的样子。

每个人都喜欢把自己最美的一面展现在他人面前，你善意地给对方贴上一个好的标签，就会促使对方在行为上扮演一个高尚的角色。

周末，李林带着3岁的女儿乘坐公共汽车准备回家，但车上的座位已经被全部占满了。可能是下午在动物园里走的路太多了，女儿上车后一直嚷嚷着累，要找座位。正好，在她们旁边有一个小伙子在睡觉，而且占了两个人的位置。

看到这一幕，女儿指着那个小伙子，哭闹着要他让座。不过，小伙子装作没听见，继续睡觉。此时，李林弯着腰对女儿悄悄地说道："这位叔叔太累了，他要是醒了，肯定会给你让座位的。"

就这样，还不到一分钟，那个小伙子就"醒了"，而且非常客气地让出了一个座位给她们。

很显然，这个小伙子刚开始的行为并不高尚，而是李林给他戴上了一顶高尚的帽子，他只是顺从地扮演了"高尚"罢了。我们常说人性本善，而且趋善也是人的一种本能心理，给人贴标签的方法，正是利用了人的这一心理。

基于大众心理的这一"标签效应"，我们有时候也需要反思一下自己对待他人的态度是否合理。比如，作为领导，平时或许是无意识地给下属贴上了一个不好的标签，然后还渴望他们会有一个好的表现，这不是很矛盾吗？

为了让"标签效应"在说服的过程中发挥出更好的效果，我们还需要注意以下几个方面。

1. 标签要合情合理、积极正面

前面我们已经讲过，好的标签会催生善的行为，而不好的标签会催生坏的结果。所以，为了让被说服者朝着好的方向发展，在给对方贴标签时，最好多用一些正面的词汇来形容他们。

2. 标签要有可行性

所谓的可行性就是说，你给对方戴的"高帽子"要符合他的身份、能力、条件等。如果你给对方贴的标签太"高大上"，根本不具备可行性，对方就会尴尬，甚至会觉得你是在故意戏弄他，进而对你产生怨恨的情绪。如果真的是这样，说服就遥遥无期了。

3. 标签要有挑战性

这个应该很容易理解，就是说给对方贴的标签要超出他们原有的水平，这样才能激发他们行动的欲望。如果标签太普通或者太困难，就会让他们觉得很无趣，没有吸引力。

4. 标签要不易被察觉

如果我们仔细研究，就会发现给他人贴标签其实就是在进行心理暗示或者激励。既然如此，就应该不露声色。如果让他们发现了动机，那么标签的效力就会大打折扣，甚至彻底无效。

5. 标签要持久

给对方贴标签，自然是要有一个持久的影响，那么你在进行语言表达时就要格外注意。比如，你看到孩子在帮妈妈洗碗，便鼓励他说："今天你真是太棒了！"不可否认，这也是一种标签，但对孩子而言，只是对他刚才行为的一种赞美，因为你说的是"今天"。如果换种说法，改成"你真是太棒了"，这对他而言才是真正的标签，他会把你赞美的重点放在"他"身上，而不是"今天"上。

善用权威效应，让说服更可信

通常，我们在写文章的时候，总是喜欢引用权威人士的话。之所以要用到这些人的话语，并不是赶时髦，而是因为他们更具说服力。不仅仅是写文章，包括说话的时候，若套用一个权威人士的观点或说辞，也会让你的说服力倍增。

一家图书公司刚推出了一本新书，不过销量并不理想，这让负责销售的经理很苦恼。一天，他听从了一位朋友的建议，决定搞点儿营销方面的策略。他先是托人把这本书寄给了总统，诚恳地期望总统为这本书写上一段评论性的文字。不过，日理万机的总统根本没有时间处理这样的小事，就敷衍地托人告诉经理"这本书不错"。

于是，这位经理就立马召开了一个新闻发布会，当众告诉记者："连总统都说这本书不错。"结果可想而知，此书立刻引起了评论界的关注，并在市场上大卖。

对于销售经理而言，他的目的是说服广大读者来购买自己的图书，但他并没有走传统路线，对图书本身进行大肆渲染，而是借助总统的权威效应来扩大影响。他知道，就算自己把图书夸得再天花乱坠，也比不上总统一句简单的赞美。之所以借助权威人士来增加说服力，是因为权威人士有威望，他们做的事会被他人争相模仿，他们说的话也会受人们重视。正所谓"人微言轻，人贵言重"，说的就是这个道理。

权威效应是一种普遍存在的社会心理现象。比如，商场、企事业单位会请社会各界名人雅士题字；书籍的封面上，会引用一些名人的推荐语；公司的宣传资料上，会出现老总与名人的合影；等等；这些都应用了权威效应。当然，权威效应有好有坏。消极的权威效应是以权威人士的名望来吓人、压人，属于"拉大旗作虎皮"的行为。对此，我们自然要坚决抵制。那些积极的权威效应，凭借其强大的感召力，成为很多练习口才、提升说话技巧的人常用的策略。

说到权威效应在提升口才、说话素养方面的作用，很多人会有一种误解，以为只有权威人士的话才管用。其实，只要对方被大众广泛认可，他就可以产生权威效应。激发权威效应的可以是一个人说的话，也可以是涉及这个人的故事。当然，权威效应的刺激点不局限于人，它也可以是一些有影响力的机构，或者某个知名的品牌等。比如，一个毕业于哈佛商学院的本科生就比毕业于其他不知名学校的本科生在商业评论领域更有发言权；你引用《经济学人》《哈佛商业评论》里面的数据就比引用微博、微信里面的数据更有说服力。试想一下，如果你在论文里面引用了一组数据，导师问其出处，你说来自微信公众号，他会做何感想？你的论文还有通过的可能吗？所以说，不管说话办事，都要注意素材、依据的权威性，唯有这样，才能让对方信服。

当然，权威固然很重要，但是我们在与人沟通交流的时候也不能张嘴权威，闭嘴也权威。比如《武林外传》里面的吕秀才，常常是"子曰"不离口，结果到后来，只要他一张口说"子曰"，其他人就齐刷刷地把手伸出来摆出要发飙的姿势。这个故事至少给我们两方面的启迪。

其一，权威效应可以用，但不能用得太多。因为大家本来是想听你的观点的，结果听了一大堆"名人名言"，相信大家都会感觉你在卖弄，从而对你的谈话内容失去兴致。

其二，引用权威的时候，除了要看具体的说话场景之外，也要考虑受众。比如《武林外传》里面这个吕秀才，就是个情商严重不足的人。店里的伙计，多是闯荡江湖的文盲，哪里会听得懂"子曰"。

总的来说，世界上没有一招就能让你说遍天下的口才技巧，也没有任你怎么用也不会伤到他人的说话方法，任何时候都有例外，任何方法都有不足。权威效应对于我们成功地说服他人，不至于说是不可或缺的，但如果你运用到位了，它就会让你的说服力大大提升。

注重暗示效应，在无形中说服对方

与自我暗示的对象是自己不同，暗示的对象主要是他人，目的就是改变他人的想法。在"说服战"中，谁掌握了暗示的力量，谁就会无往不利，因为人们都有依照暗示行事的倾向。比如在商场里，售货员一般不会说："女士，你要这双鞋子吗？"而是用一种富有暗示性的语言问道："女士，这双鞋你是打算直接穿走还是用盒子给装起来？"当销售员这样问的时候，即便顾客刚开始只是打算试一试，也会在销售员的暗示下产生购买的冲动。

暗示有时候会很微妙，但在影响他人方面却有着非常强大的力量。

拿破仑·希尔在教授应用心理学的时候，曾经做过这样一个实验：他拿出一瓶标有"薄荷油"的瓶子，然后告诉在座的学生里面有浓缩的薄荷油，只要在手帕上滴一滴，薄荷的气味就可以在40秒内传播到教室的每一个角落。接下来，希尔打开瓶塞，把里面的液体往手帕上滴了一滴，同时转过脸，吸了吸鼻子，假装闻到了一股很强烈的气味。接着，他让闻到薄荷味的同学举手。通常情况下，有超过一半的学生都会举手，最多的时候举手比例可以高达3/4。接下来，希尔拿起瓶子，一口气喝完了瓶子里的液体。随后，他告诉学员，瓶子里装的不过是水罢了，根本就没有薄荷油。同学们之所以"闻到"了薄荷的味道，不过是通过暗示的机制在头脑中虚构的假象而已。

美国心理学家詹姆斯·威廉曾经通过研究得出这样的结论：大多数人都只应用了自身能力的很小一部分；而在激发潜能方面，暗示有着独特的魅力，因为它可以长期留在人的潜意识里并支配人的行为。暗示自己，可以克服困难，迎接挑战；暗示别人，可以改变他的思想，成功将其说服。

在美国，有一个叫亨利的年轻人，因为种种原因，陷入了绝境。一天，他一个人在河边溜达，望着静静流淌的河水，他感慨万千，甚至怀疑自己是否还有活下去的必要。他在很小的时候就成了一个孤儿，在福利院长大。他相貌平平，身材矮小，连说话都带着浓厚的法国乡下口音。因为自卑，他连最普通的工作都不敢去应聘。

约翰是亨利的朋友，他早就想说服自己的这位朋友振作起来，但一直不知道该怎么帮助他。后来，他终于想到了一个好办法。

这天，他兴冲冲地跑到河边，找到了亨利，装作很严肃地说道："亨利，我刚从广播里听到一个消息，说拿破仑曾经丢失了一个孙子。广播员描述的外貌特征和你很像。我怀疑，你是不是就是拿破仑丢失的孙子。"

"真的吗？你是说我有可能是拿破仑的孙子？"听到好友这般说，亨利的精神为之一振。回到家里后，亨利拿出了拿破仑的肖像跟自己做了比较，结果发现自己和他还真有几分相似之处。那一刻，他甚至有一种对着肖像喊一声"爷爷"的冲动。想到同样身材矮小的"爷爷"曾经指挥着千军万马去打仗，他顿时也从自己矮小的身材里感觉到了无穷的力量。此刻，他那带着口音的话语，倒让他感觉有几分高贵和威严。

第二天，他就充满自信地到了一家大公司应聘。20年后，他终于查清了自己的身世，发现自己和拿破仑没有任何关系。不过，这已经不重要了，因为他已经是一家大公司的总裁了。

亨利的成功便是暗示的力量发挥了作用。事实上，每个人身上都有这种力量，主要看你是否能把它挖掘出来。既然如此，那么暗示的力量究竟来自何处？按照心理学家的分析，言语中的每个词都是外界事物和生活现象的表象，都会在人的大脑中有所反映。基于此，暗示可以改变大脑皮质的兴奋度，进而起到调节机体机能的作用。因为这些改变，人们才会朝着暗示的方向走。暗示在影响人的情感、观念、行为、意志等方面，有着非常巨大的作用。如果在说服的时候，巧妙地运用暗示的力量，就能达到说服的目的。

当然，暗示有积极和消极之分。比如，桌子上放着半杯葡萄酒，有人会说"太好了，竟然还有半杯酒"，相反，也会有人说"真扫兴，竟然只剩下半杯酒了"。同样是半杯酒，有人欢喜有人愁，这便是积极暗示和消极暗示所带来的结果。积极的暗示如同一种无形的力量，在潜移默化中推动着自己或他人向着理想的方向前进；而消极的暗示则会让人产生一种消极的态度，并引发不良的后果。

在说服的时候，人们自然会有意识地进行积极的暗示，因为这可以让说服的目的更容易达成。但是，有时候，我们也要提防一些不自觉的消极暗示可能会给说服带来的阻力。

使用多样说服手段，化身超级说服大师

说服他人，要有准备，要讲方式，要懂技巧，但关键还要使用手段。手段就是说服者手里的武器。武器固然重要，但不可能让所有的战士都使用同一种武器，哪怕它真的很厉害。对说服者而言，手段亦如此。说服者可以用事实说话，也可以用数据说话，但目的只有一个，那就是增强说服力。

陈述事实，让说服无懈可击

当我们在想尽各种办法去说服他人的时候，我们往往会忽略掉一个最基本的方法，即陈述事实。试想一下，当你把实例往对方面前一摆，就算他再固执、再善辩，也不可能对你所说的事实无动于衷。俗话说的"事实胜于雄辩"讲的就是这个道理。

有位著名的演讲家曾经说过这样一句话："真实的例子是最好的说明，因为它可以让一个观念清晰、有趣，也更具有说服力。"所以说，不管你是想改变一个人对一件事的偏见，还是想改变一个人对一个人的偏见，列举实例都是最好的选择。那么，究竟该如何列举实例呢？下面便是几个具体、实用的方法。

1. 谈亲身经历

乔布斯曾经在斯坦福大学做过一次非常有名的演讲，不过他的整个演讲并没有讲所谓的大道理，正如他自己所说"只是3个故事而已"。这3个故事分别是从大学辍学、被苹果公司辞退，以及自己身患癌症、面临死亡的故事。据沃尔特·艾萨克森在其《史蒂夫·乔布斯传》中记载，乔布斯当初打算找人代写这篇演讲稿，不过后来改变了注意，才亲自执笔。如果当初真的找人代写，这篇演讲稿的质量肯定就会大打折扣。事实证明，乔布斯这次"讲故事"式的演讲非常成功，堪称演讲的典范。

任何一场演讲中，如果主讲人从头到尾说的都是理论或资料上的信息，那么通常很难引起听众的兴趣。相反，如果主讲人将自己的亲身经历，或者将自己阅读过的信息、听到的话等都融入演讲中，就会比空讲道理强很多。

美国前总统克林顿在第一次当选的时候，举办过一次庆祝晚会，当时，有很多人都上台讨论了他们心目中的克林顿。有些人无法到达现场，便用连线的方式表达了他们的祝贺。其中，有一位是克林顿的高中同学，他这样说道："毕业后，我到意大利美军基地服兵役。有一天早上，我接到一个电话，原来是我父亲去世了。刚挂了电话，没过5分钟，电话又响了，这次是克林顿打来的，他当时刚出任州司法部长。他在电话里对我说：'别慌张，我会帮你照顾好家里的事，你可以放心。'"

这位同学没有具体地评论克林顿是怎样的人，但一个故事已经把他所想要表达的情感都说出来了。事实上，很多听众都不会记住你所说的道理，但往往会记住你所说的故事。

2. 示范效果

所谓示范，就是表演，但它确实也算是实例说服，而且是非常容易引起关注的说服方式。比如，专家在讲解吸烟的害处时，除了引用数字、讲述因为吸烟而生病的故事之外，也会拿出一张卫生纸，然后对着上面吹一口烟气。这样，卫生纸上面就会留下淡淡的印痕。当然，他会告诉大家，也许一口烟的影响还不算太大，但如果每天都往上面吐烟，时间久了，纸就会变黑。做这个简单的示范动作，也许会比只用嘴巴说更能让人们意识到吸烟的危害。

其实，这样的示范在销售领域特别常见。比如，卖服装的为了证明自己衣服的质量非常好，会用刀子在上面划一道。大家看衣服一点儿损伤也没有，自然会相信衣服的质量确实不错。另外，电视上也经常会播放一些轮胎生产商投放的广告，示范动作无一例外的都是把一个钉子扎进轮胎里面，结果汽车照样行驶不误。

我们经常说的"耳听为虚，眼见为实"就是这个道理。所以，为了更好地说服对方，不妨采用一些方便的实验来示范一下，效果就会显著提升。

3. 让对方亲自体验

如果说示范会让对方的感觉更加形象，则体验会让对方的印象更加深刻。体验也是说服常用的手段之一。

乔·吉拉德曾经说过："每一种产品都有自己的味道，在和顾客接触的时候，我会想方设法让他'闻一闻'新车的味道。"为了让顾客更好地"闻"到新车的味道，他会让顾客坐在驾驶室，手握方向盘，随意触摸车内的任何空间。如果顾客的家就住在附近，他会建议对方把车开回家，在家人、邻居面前好好地炫耀一番。通常情况下，顾客会陶醉于新车的"味道"，特别是那些把车在路上开了一段的人，都会在走的时候把车买了。

即便当时没买，他不久后也会来买。

记住这一条：每个人都有好奇心，都喜欢尝试各种不同的新事物，一旦对方尝试过之后，那种记忆就会烙印在他的脑海中，使他难以忘怀。所以，不管你以什么身份，出于什么样的目的，要想说服对方，都不妨让对方亲自体验一番。

借助数据，让说服如虎添翼

对于一个渴望说服他人的人，数据也是一个非常重要的工具。与道理相比，数据更直观，也更客观，而且可以量化和保存，所以它在说服过程中有着得天独厚的优势。

借助数据进行说服在人们的日常工作和生活中非常常见。比如，销售员在说服顾客购买某个产品的时候，除了使用"经久耐用"和"安全卫生"这些常用的词汇之外，还会使用诸如"15道工序""3次严格的卫生检查""连续使用3万个小时"等数据词汇。与那些空洞的自夸式宣传相比，这种将数据直观呈现的方式更能打动顾客的心。

当然，有些时候，人们也会遇到这样一个问题：明明已经把基本的信息都告诉了对方，而且这些信息也都非常准确，丝毫没有夸张的成分，为什么对方还是不相信呢？事实上，遇到这种情况时，说服者就应该考虑使用精确的数据这种更加直白的方式来打消对方的疑虑。

1972年，来自纽约的一位女国会议员发表了一次呼吁女性在政治生活中赢得平等地位的演讲。她在演讲中这样说道："几个星期前，我在国会倾听总统发表的讲话，当时坐在我周围的700多位政府要员中，只有12人是女性；在435名众议员中，只有11人是女性；内阁以及最高法院没有一位女性。"

最后，这位女国会议员的演讲获得了听众的高度认可，而且在社会上引起了广泛的讨论。其实，对于国家政治事务中男女比例失调的问题，每一个人都意识到了，没有引起大家关注的原因之一，便是人们的意识是模糊的。这位女国会议员给出的数据是真实的，而且对比非常鲜明，一下子就刺激了大众的神经。

当然，数据的运用也不是说随随便便就可以发挥效应的，如果运用不当也会产生不好的结果。为了让数据在说服过程中的价值最大化，人们在说服的时候也需要把握好以下几个方面。

1. 确保数据的真实性和准确性

如果说服者使用的数据不准确或者不够真实，数据就失去了它原本的意义，自然也就没有了说服的价值。更为严重的是，如果被说服者发现了信息虚假或者错误，就会以为说服者是在欺骗或者愚弄他们。

有些数据是固定不变的，有些数据则会随着某些参数的变化而随之发生变化。所以，为了确保信息的准确，说服者需要在做说服工作之前对这些数据进行检查或者核实。

2. 注意数据的客观影响力

当你应用一些数据的时候，目的很明确，就是为了让对方相信你说的话。那么，该如何更好地达到这一目的呢？试想一下，说服某个人购买你的产品或者服务，举一个具体的例子是否会比单纯的数据更有说服力呢？同样，举一个名人的例子是否会比小人物的例子更有说服力呢？毫无疑问，答案是肯定的。

3. 要把握一个正确的度量

数据固然可以辅助说服者达成一定的目的，但要注意的是，它只是一种工具，并不是万能钥匙。所以，人们在说服工作中使用数据时也要把握一定的度量。如果数据使用得过于频繁，就会让听者厌烦，甚至激起对方的反抗。

欲擒故纵，于无形中搞定对方

"欲擒故纵"原本是兵法三十六计中的一个策略，但人们在沟通交流、谈判、说服的时候，也可以利用欲擒故纵的策略实现自己的目的。

以谈判为例，即便自己在各方面都占优势，也不要一下子把对方的路堵死。留一条退路给对方，不仅有利于对方做出妥协，也不会让他们觉得太没面子，毕竟谈判终结不意味着关系的终结。在使用欲擒故纵的策略进行说服工作时，脸上应故作轻松，表现出满不在乎的样子，或故意说反话，让对方在没有任何压力下，快速跟你达成你想要的协议。

明朝有个状元叫杨开庵，是四川人，因为讽刺过皇上，所以皇上打算发配他到很远的地方充军。杨开庵想：如果充军不可避免的话，那还是离家乡近一点儿好。于是，他便去求见皇帝。

杨开庵说："皇上发配我充军，我也没啥说的，反正在哪里都是为皇上效劳。不过，我有一个小小的要求。"

皇帝问："什么要求？"

杨开庵说："随便您把我发配到哪里都行，只要不去云南的碧鸡关（今昆明）。"

皇帝问："为什么？"

杨开庵说："皇上有所不知，那个地方的蚊子有四两，跳蚤有半斤！这些都是我平生最讨厌的地方，所以切莫让我到那里充军呀！"

皇帝心想：哼，你怕到碧鸡关，那我就我偏叫你去那里。于是，皇帝就下旨把杨开庵发配到碧鸡关充军了。

杨开庵很懂皇上的心思，他知道如果自己直接说要去云南的碧鸡关，皇帝肯定会不同意，便故意说自己不想去那里。这样，杨开庵利用了皇帝的逆反心理，把欲擒故纵的说服策略隐藏得非常到位，而除了他自己之外，压根就没有第二个人知道他刚才其实已经成功"说服"皇帝了。

美国的一家航空公司想要在纽约建立一座航空站，希望爱迪生电力公司能够以低价优惠供应电力，可是遭到了婉言拒绝。爱迪生电力公司推托说是公共服务委员会不批准，他们也爱莫能助，所以谈判陷入了僵局。航空公司知道爱迪生公司自认为客户多，电力供不应求，所以对接纳航空公司这一新客户不太感兴趣。事实上，公共服务委员会并不完全左右电力公司的业务往来，说公共服务委员会不同意低价优惠供应航空公司电力，其实只是一个借口。航空公司意识到，再谈下去也不会有什么结果，于是索性不谈了。与此同时，他们还放出风来，声称自己将会建发电厂，那样更划算。爱迪生电力公司听到这个消息后，马上改变了态度，立刻主动请求公共服务委员出面，从中说情，表示愿意给予这个新客户优惠价格。结果，不但航空公司以优惠的价格和电力公司达成了协议，并且自此之后的大量用电的新客户，也都享受到了同样的优惠价。

从以上的两个案例中，我们不难看出，要想让对手按照自己的意愿办事，就需要给对方某些虚假的暗示，让它具有一定的诱惑力，目的就在于收集对方更多的信息，从而掌握说服的主动权，达到欲擒故纵的目的。

在应用欲擒故纵的策略时，务必要保持半冷半热、不紧不慢的状态。比如，在日程安排上不显急切；当对方态度强硬、表现嚣张时，采取"不怕后果"的轻蔑态度等。

采用欲擒故纵的策略，如运用到假象，就务必要在上面多下些功夫，让它看起来和真的一模一样，以防因为过于粗糙而引起对方的怀疑。这其实也借助了人们惯有的一种心理：信息的来路越曲折，或者说手段越不正当，其真实性也就越大。所以，最好通过非正式渠道传播，经第三方之口发布，这样做，对方反而会更加信任。

投其所好地发动心理攻势，让说服更高效

所谓投其所好，就是迎合别人的喜好，说一些对方喜欢听的话。这种行为如果用在官场、职场上向领导溜须拍马，则自然不值得提倡；但是用在说服他人上，倒不失为一种好的手段。投其所好的方式有很多，具体在说服方面，就是能够站在他人的立场上分析问题，阐述自己的观点，从而给对方一种为其着想的感觉。当然，要想使投其所好的手段真正发挥作用，必须对对方的喜好有所了解才行。

在《西游记》（1986版电视剧）的第20集"孙猴巧行医"里面有这样一个场景：

唐僧师徒四人路过朱紫国。孙悟空通过贴在城墙外的皇榜得知朱紫国的国王患病在身，正在全国寻求可以医治国王疾病的良医。因为被师傅责备在大庭广众之下没有遮挡好自己的嘴脸而吓到众人，猪八戒拒绝了"猴哥"让他到街上买菜的请求，索性到另一个屋子里睡觉。当然，买菜只是

一个幌子，目的是骗八戒到街上揭榜。为此，孙悟空和沙僧两人就上演了一场"假装私语"的好戏。先是孙悟空故意问沙僧刚才进城在大街上有没有看到好吃的东西，沙僧就放开嗓子冲着猪八戒躺着的那个屋子大声说出了很多好吃的食物。最后，猪八戒按捺不住自己作为一个"吃货"的欲望，主动出来要和孙悟空到街上去。

　　一开始孙悟空让猪八戒上街，对方不去是因为懒；后来猪八戒主动找到孙悟空，想上街，是因为贪。孙悟空很好地抓住了猪八戒贪吃的喜好，结果轻而易举地说服了猪八戒上街。当一个人的惰性和他的喜好发生冲突的时候，后者对个人行为的助推力往往更大，猪八戒就是一个例子。这也是投其所好能够成为说服的重量级武器的原因之一。

　　说服是说服者与被说服者之间的一种逆向抗衡，这种抗衡在通常情况下都会因为各自的强硬立场而僵持不下。要想成功地说服，就必须打破这种僵局。此时，与其逆势对抗，不如顺势而为，比如采取投其所好的策略，向对方发起心理攻势。这样，就可以在顺的过程中缓解对方的敌对心理，说不定还会赢得对方的好感。一旦对方的警惕心降下来了，你也就更容易发现对方的破绽，捕捉突破的战机，从而说服对方。

　　其实，投其所好的说服术除了能够赢得对方的好感之外，还有以下妙处。

1. 投其所好，诱敌入彀

　　马莉是一位面容俊美的平面模特。一天，她正走在路上，突然发现有一个穿着奇装异服的男子在后面尾随。当然，这对她而言并不算什么新鲜事，因为以前就遇到过两次。

因为有经验，所以遇到类似的事情她也不怎么慌张，而是回过头来对这个男子说："我想知道，你是在跟踪我吗？"

"奇装"男子尴尬地笑了一声后说道："我还从来没有遇到过像你这样俊美的女生，我想我可能已经爱上你了，咱们交个朋友吧？"

马莉冷笑了一声，说道："谢谢你的赞美，不过我有一个更漂亮的妹妹，就在后面。"

"真的吗？""奇装"男子非常兴奋地而且很自然地扭头去寻找马莉"妹妹"的身影。不过，除了来来往往的人流外，他并没有看到马莉说的那个漂亮的妹妹。男子意识到上当了，便质问马莉为什么骗她。

只见马莉不慌不忙地说道："不，我并没有骗你，只是想试探一下你刚才所说的话是真是假。如果你真的爱我，又怎么会如此急切地去寻找另外一个美女呢？所以说，是你在骗我。所以请走开，我不想和骗子做朋友。"

就这样，男子被马莉两句话说得面红耳赤。

马莉之所以能够摆脱男子的纠缠，是因为她顺着对方贪图美色的心理，"投其所好"。

2. 投其所好，巧布疑阵

吴帅周末约朋友到酒吧喝酒，结果发现服务员往杯中倒酒的时候，都只倒了不到杯子一半的地方就停止了，但价格依然是按整杯来算的。为了表达自己的不满，吴帅在喝第二杯之前，转身问服务员："你们酒吧一个星期大约能卖多少桶酒？"

"50桶左右。"虽然对于顾客提出这样的问题感觉有点儿奇怪，但服务员还是认真地回答了吴帅的问题。

吴帅接着说道："我有一个好办法，能让你们的销量翻一番，达到每个星期100桶。"

服务员听说后很兴奋，赶紧问："什么办法？"

"办法很简单，只要把每位顾客杯子里的酒倒满就行。"吴帅看着对方说道。

听完后，服务员的脸顿时红了一大截，赶紧把吴帅和他朋友杯子里的酒倒满了。

吴帅的聪明之处就在于他利用商家唯利是图的心理，"投其所好"地设了一个圈套。等对方落入圈套之后，他再顺势一击，揭露了商家近乎欺诈的投机行为。

与一般的批评、斥责相比，"投其所好"式的说服力更强，也更深刻。因为投其所好可以迎合对方的偏好，也容易麻痹对方的心理。此时，说服者通过巧布疑阵，使对方放松警惕，误入陷阱，就能顺利达成说服目的。

快速赢得好感，做到以情服人

　　说服他人的手段五花八门，形式更是多种多样，但如果把所有的说服手段以及形式汇总在一起，则可以浓缩为两样东西：情和理。也就是说，这个世界上真正能够说服他人的只有道理和情感。

　　讲道理谁都会，但如果你与对方没有任何感情基础，那么你讲出来的道理有可能就是谬误。同样，有时候你想说服他人，根本不需要讲道理，只需要把自己的想法表达出来，对方就会照做，这种情况在家人、朋友、同事等关系较为亲密的人群之间尤为常见。为什么会如此呢？很简单，你们之间有感情。当然，感情作为说服的纽带并非只能用在熟人之间。事实上，即便对方是陌生人，你也可以迅速地和他建立起感情，从而让你的说服更有效力。

　　唐刚因为工作调动的缘故，最近刚把家搬到一个新的社区。刚开始，唐刚没在意，不过没两天，他就发现邻居家养了一条边境牧羊犬。让唐刚感到诧异的是，邻居非但不给狗系狗绳，而且还放任它在小区里到处乱跑。虽然这条牧羊犬看上去很温顺，而且见人也摇尾巴，但唐刚的女儿每次遇到它都会非常害怕，有两次差点儿哭了起来。本来看到小区里有很多小朋友在玩，唐刚的女儿还很兴奋，但是一知道有条狗在小区里跑，她便不敢在小区里玩了，索性便不再出门，整天待在家里了。

唐刚觉得这件事情必须解决，便敲开了邻居家的门。唐刚向邻居说明了来意，并以一种责备的口吻要求对方把狗拴起来，或者戴个口罩什么的。听完唐刚的诉求后，邻居非但没有表现出不好意思，反而说自己的狗很听话，从来没有在小区里咬过人，说完后，就把门关上了。

回到家后，唐刚的情绪有点儿失落，还向妻子王梅诉说他们的邻居很不近人情。不过，王梅可不这么想，她决定改天亲自去试试。一天下午，王梅看到邻居的狗又在小区里溜达，而且邻居也在现场，她便拿着提前从超市里买好的一包狗粮向小区里走去。见到邻居后，王梅主动向邻居打了声招呼，并做了自我介绍："你好，我是你的邻居，刚搬过来没多久，很高兴认识你。"

邻居见有人主动和自己打招呼，而且手里还拿着狗粮，自然很热情地打招呼。

"这是你家的狗吧，真漂亮。其实，我以前也特别喜欢狗，而且在结婚之前，我还养过一条和你家的狗差不多的牧羊犬。它们很聪明，学什么都很快。"王梅说道。

"是呀，边境牧羊犬的智商在不同品种的狗里面已经算是数一数二的了。"

紧接着，邻居把自己的狗猛夸了一顿，而王梅边听边拿着手里的狗粮喂邻居家的狗。两个人聊了大概10分钟之后，邻居突然问道："既然你这么喜欢狗，为什么不自己也养一条呢？"

王梅见时机已到，便说道："我结婚以前，确实很喜欢狗，但结婚后，特别是有了女儿后，就很少接触狗了。医生说我女儿对狗毛过敏，而且以前被狗吓到过，有点儿心理阴影，所以我们基本上就很少带她到有狗的地方。"

听完后，邻居若有所思地看着自己的狗。王梅继续说道："不过，如果狗系着绳子，被主人牵着倒无所谓了。其实，大哥，今天来我还有一个小小的请求，就是看你能否也给你家的狗系条绳子或者戴个口罩什么的。我们搬到这个小区快两个星期了，女儿一直不敢出来玩，她说害怕狗。所以，希望……"

还没等王梅说完，邻居就略感歉意地说道："啥也别说了，我不知道你家小孩这么怕狗，实在是不好意思。其实以前也有家长找过我，让我把狗拴起来，但他们的口吻就像是在命令我似的，我也有点儿故意和他们做对的心理。你放心，从今往后，凡是出门，我都会用狗绳拴着它。"

王梅之所以能够说服成功，就是因为她不但赞美了邻居的狗，而且在和对方的沟通中与之建立了感情。虽然这种感情很浅，但很真实。另外，重要的一点是，她以一种商量的口吻与邻居沟通，给予了对方充分的尊重。所以，对方答应得也非常痛快。

按照马斯洛的需求理论，尊重是人们仅次于自我实现的第二重要的需求。所以，当想说服对方时，我们最好和他建立某种感情。而要建立感情，特别是在陌生人面前，最快捷、最有效的办法莫过于给予对方尊重。很多人之所以说服失败，就是因为说话语气太强硬，没有考虑到对方的自尊，结果说服之事也就泡汤了。

突出"软实力",让说服语言更有感染力

有些人习惯于用犀利的语言讽刺他人来达到说服的目的,有些人习惯于用简洁的语言澄清事实来达到说服的目的,还有一些人习惯于通过讲述正能量的故事来达到说服的目的。这些人身上所呈现出来的语言特色就是他们的软实力。人们只要提起他们,就能够联想到他们的语言特色。

陈述要简单明确，莫让对方猜测

很多人说话的时候都有一个习惯：明明非常确定的事情，一张嘴就是可能如何如何；明明非常确定的数字，因为害怕出错，结果说出来之后还是大概多少多少。虽然有时候人们含蓄是为了给自己留条后路，但客观来讲，这种不明确的表述方式会让听者非常反感。模糊的表达会让听者不知道你所言是真是假，于是，他们就会去猜测。不管在什么情况下，让对方猜测都是一种不好的征兆的开端。

张来和徐彬是大学同学，俩人毕业后进入同一家公司工作。不过，在公司工作了一年后，徐彬就被提升为总经理助理，而张来还只是一个刚刚转正的销售部助理。张来越想越感觉不对，因为论胆识，论智慧，自己并不比徐彬差。

最后，张来实在是按捺不住，便去找总经理理论。

听完张来的抱怨后，总经理并没有指责他什么，只是问道："你们部门这个月的业绩是多少？"

张来先是一愣，不知道总经理这样问的意图是什么，想了一会儿后还是做了回答："这个月的业绩整体来说还算不错。"

总经理："怎么个不错法，具体业绩是多少？"

张来："700万上下的样子吧？"

总经理："到底是上还是下？"

张来："这……"

张来被总经理问得卡在那里了，不知道该如何应答。总经理摇了摇头，让张来把徐彬叫来。

徐彬来了之后，总经理径直问道："我们公司这个月的销售情况怎么样？"

徐彬几乎不假思索地说道："公司这个月到目前为止已经完成了1 600万的业绩，比上个月同期多出150万，其中销售一部完成了750万，销售二部完成了850万。"

听完徐彬的汇报，总经理满意地冲他笑了笑。然后，总经理对张来说道："看到了吧，这就是你们之间的差距。作为助理，你要时刻对公司、部门的销售业绩有一个最为清晰的了解，而你呢，说出来的数据含糊不清。如果你自己都不确定，还怎么让领导相信呢？其实论能力，你和徐彬并没有明显的差别，但是你说话的时候总是习惯性地用'大概''可能''也许'这样的词汇，让人听起来很反感。相反，你刚才也听到了，徐彬汇报业绩时就会用非常准确的数字，一点儿也不含糊。所以说，和你的汇总相比，我更相信徐彬的。"

一般情况下，人们都会用较为准确的言语来表达自己的观点，比如用些具体的数字或者专业词汇等。数据可以让陈述更明确，专业词汇可以让表达更简洁，两者结合就是最好的表达技巧。事实上，当你的语言简洁了，表达明确了，对方就会感觉你很专业，对你所说的话也会更为信服。

当然，简单、明确并非不顾客观条件地自话自说。事实上，如果言语太简洁了，反而会引发歧义，让对方摸不着头脑。所以说，该复杂的时候，语言也要适当复杂一些。

有个青年学子从南方某城市来到北京，想参观一下北京大学。无奈在大学门外溜达了一大圈，也不知道如何进去，因为那里有门卫。他以前听朋友说，要进大学，必须有证，否则不能进。正当他犹豫的时候，从大学里走出来一位戴着眼镜的老者，看起来像是个教授。这个学子便走上前去问道："老师，请问怎么才能进入北大呀？"

老者看了一下年轻人，然后语重心长地说："好好学习，好好考试，就能进入北大。"

听老者如此说，年轻人愣了一下，然后满脸通红地说："老师，我是想问从哪个门进入北大方便一些，就是不用查证……"

听年轻人这样一说，那位老者倒是愣在那里了。

产生这样的误会，固然和老者的理解方式有关，但也不能否认年轻人的问话是有问题的，因为他的表述不够严谨、准确，容易让人产生误解。其实，这种误解的情况在生活中比较常见，不仅仅是问的人会说些有歧义的问题，而且回答人有时候也会因为理解角度的问题，答得莫名其妙。可能很多人都听说过这样一则故事：

某人家中失火，慌忙中拨通了火警的电话。

接线员问道："哪里着火了？"

报警者回答："我家。"

接线员很无奈地说："我说的是什么地方。"

报警人回答说："我家厨房。"

接线员再次说道："我是问我们怎么去。"

报警人反问道："你们不是有消防车吗？"

第一个例子中，小伙子的问题之所以有歧义，是因为他太心急了，没有把想说的意思表达完整；第二个例子中，报警者的回答之所以让接线员很无奈，就是因为他理解问题的思维很"诡异"。报警之后告诉接线员自己的具体位置是大众都应该知道的常识性问题，而接线员之所以问得简单是因为怕延误救援，所以，我们不能将责任推到接线员身上，反而是报警者应该反思。

毫无疑问，简单、明确对说服他人起着至关重要的作用，但是简单、明确也有一个前提，那就是你要把自己的话说清楚了，把对方的意思理解到位了。

语言不要太"专业"，以防对方反感

2016年6月16日凌晨，当LIGO科学合作组织和Virgo合作团队宣布他们已经利用高级LIGO探测器，首次探测到了来自于双黑洞合并的引力波信号后，全世界的媒体、物理科学家都在为之沸腾。那么，这样的发现究竟有什么意义，能在全世界激起如此大的浪潮呢？

事实上，关于这一发现的意义，哥伦比亚大学物理学教授绍博尔齐·马尔卡打了一个颇为形象的比方：人类此前的天文学发现都好似"眼睛"，而引力波的发现意味着人类长了"耳朵"。如果从这个角度来理解引力波的发现，相信很多人对它的意义就会感同身受。

从某种程度上讲，科学家做出这样的类比也是为了"说服"听众，让他们意识到这一发现的重大意义。如果科学家用晦涩的术语来阐述这一发现，则即便爱因斯坦再世，估计也无法让大众理解，更不用说让人们相信了。这便是通俗易懂在说服过程中的魅力。

语言的表达方式千差万别，在说服的过程中，最理想的做法就是用最通俗的语言表达出你的观点，而不是说一些想当然的话或者别人听不懂的术语。那么，具体该如何操作呢？

1. 少用术语

有人认为，讲术语才能体现自己的专业，也才能增加自己的说服力。实际上，这一逻辑从根本上就是错误的。首先，术语的出现并非为了突显自己的专业，而是为了方便专业人士之间的交流。其次，真正专业的人士不是那些见了谁都能讲出一大堆晦涩的术语的人，而是可以用浅显易懂的语言把自己的理论讲明白的人。

就说服而言，你的目的不是在他人面前展现你所谓的"专业"，所以不要被自己的思维引导着偏离了方向。当然，我们讲的是少用"术语"，而不是完全不用，因为语言表达技巧再好的人，也不可能把每一个术语都用通俗的语言阐释出来。所以，术语可以用，但一定要把握好一个度。

2. 多用类比

类比是人们在阐述自己的某个观点时常用的技巧，目的是让对方更好地理解自己。如同上文哥伦比亚大学物理学教授绍博尔齐·马尔卡把引力波的发现比喻为人类在天文学方面长出了"耳朵"。类比之所以会在说服过程中发挥出作用，就是因为每一个人都有想象力，可以把两个原本不相干的事情之间的相似点串联起来。鉴于此，人们在使用类比的时候，一定要保证自己所列举的两件事情或物品之间存在着这种形似的关联，否则，非但无法达到说服的目的，还会被他人嘲笑。

被誉为"电学之父"的法拉第曾经为众人做过一个电磁学的实验表

演，实验结束后，有人站起来问他："这有什么用呢？"法拉第几乎没有思索，冲着刚才发话的人问道："那么，先生，请问刚出生的婴儿有什么用呢？"

说句心里话，我们不得不佩服法拉第的睿智。他将一个尚处于研究初始阶段的电磁学理论和新生婴儿做类比，实在是再恰当不过的。首先，就"初始"这一共同的特征而言，没有人会质疑这一类比的合理性。其次，谁敢说刚出生的婴儿没有用呢？毫无疑问，没有人敢说，因此，说电磁学无用的观点就不攻自破。实际上，电磁学与人类的很多其他发明一样，在初始阶段的价值都不是很大，但随着研究的深入、功能的改进，它们也渐渐地显示出了非常巨大的潜力。当然，法拉第能够如此迅速地做出这样的类比，也和他对所研究的电磁学的热爱有很大关系。或许，在他的内心，电磁学就是他的孩子。

3. 讲好故事

亚里士多德曾经说过这样一句话："我们无法通过智力去影响别人，而情感却能做到这一点。"或许，我们也可以这样说："我们无法通过逻辑去说服别人，但可以通过情感去达成。"这一观点现在也得到了很多心理学家的认可，而且他们通过实验也证明了，情感有时候确实比理性更有说服力。当然，情感只是一种思维，具体该通过什么样的方式去达成说服的目的呢？事实上，没有比讲故事更好用的办法了。

有位男子在机场被警察扣留，原因是有人怀疑他偷了自己的钱包，而且警察也确实在他身上找到了失主丢失的钱包。那么这究竟是怎么一回事呢？据这位男子说，他有一个和失主一模一样的钱包，可能是临走的时候拿错了。不过，这位男子的钱包已经丢失，无法提供"物证"，最后还是被当作嫌疑人扣留了。这位男子不甘心，很快就为自己找了一位辩护律师。男子委托的律师并没有提供什么证据，也没有进行严谨的推理，只是当着大家的面讲了一个故事：

"在我小的时候，有一天看到自己的狗叼着邻居家的兔子进来，而兔子已经死了。我的第一反应是，我的狗咬死了那只兔子。为了保护狗，我决定把这件事隐瞒下来，所以我把兔子洗干净、毛吹干，又放回了邻居家的兔笼里。我想，这样的话就没人知道了。

"第二天，邻居来我家串门时说了件趣事，他说自己的兔子三天前就死了，他们把它埋到树林里，可不知哪个精神病，把兔子挖出来、洗干净又放回了笼子里。这时候我才知道，我错怪了我的狗。

"原本明明白白、清清楚楚的事情，最后却不是真相。在这起案件中，表面看来是我的当事人偷了钱包无疑，但也不能排除他真的是误拿。现在大家无法100%确定我的当事人不是误拿，而这，就是我们所说的合理质疑。"

通过这个故事，这位律师成功地为自己的当事人进行了无罪辩护。事实上，讲故事这种说服技巧，不仅可以让听众更容易理解你的意思，还能够引发他们的思考，从而给他们留下深刻的印象。

储备谈资，打造超级说服力

在绝大多数情况下，说服的过程本身就是一场谈话或者聊天。如果在这一过程中出现了无话可说的尴尬局面，说服就会变得困难重重。所以说，为了更好地达到说服的目的，储备适当的谈资是非常重要的。

所谓谈资，就是说话的素材，如同我们饿了有饭吃、渴了有水喝一样，聊天的时候也需要有话可谈。如果缺少谈资，两个人干巴巴地坐在那里，非但不利于说服，还会让两个人的情感、理智朝着相反的方向发展。

林达是一家化妆品公司的老板，为了扩大公司的影响力，她一直以来都要求公司的员工使用自己公司生产出来的产品。而且林达非常坚信的一点是，员工只有这样才能表现出对公司的忠诚，而且唯有这样才能让公司的利益最大化。鉴于此，她非常不理解那些开着雪佛兰去推销丰田汽车、自己不参保却向他人推销保险的销售员。

有一次，她发现一位经理在洗手间使用一种不是她们公司生产的唇膏及粉盒。那一刻，林达非常生气，上前质问道："我说过多少次了，不能在公司使用其他公司的品牌，你这样做可不太好吧！"

那位经理的脸顿时就红了，不过还是倔强地说道："没错，这的确不是咱们公司的产品，但是我必须这样做。"

林达不解，问道："那好，你告诉我为什么必须这样做。"

经理说："前几天，我去拜访了一个客户，但最后这单生意还是没谈成。你肯定猜不出我为什么会失去这位顾客。其实很简单，我们在聊天的过程中，他无意间问了一些关于其他公司化妆品的问题，但是很遗憾，因为从来没用过，所以我对那些产品一无所知。客户临走时抱怨道，如果我们连竞争对手的产品都不了解，那么我们的产品也好不到哪里去。

"事后，我对这次拜访进行了一次总结，发现要想说服客户，必须储备足够多的谈资。生活方面的谈资我已经足够了，但是关于产品方面的谈资，因为一直以来我们接触的面太窄，所以这是我的一个不足之处。我希望下次当顾客和我谈起任何一个关于化妆品的话题，我都可以对答如流。这也是我开始尝试使用其他品牌化妆品的原因。你可以因为我违反了公司的规定而惩罚我，但是我必须继续把自己工作中的分内之事做好。"

听完经理的讲述，林达深深地吸了一口气，然后说道："你说的没错。如果将来有一天顾客和我聊起同样的话题，我也会哑口无言的。或许这些只是一些可有可无的谈资，但如果自己缺乏相关的素材，也会最终失去顾客。"

一个星期后，林达在公司开了一个全体会议，宣布废止"员工只能使用本公司化妆产品"的制度。

那位经理之所以会失去客户，是因为她与客户的沟通出现了问题。客户只是想了解一下两家公司产品各自的优势，但经理却说不上来。这种现象在商务交流中最为忌讳，特别是当你还是所谈内容方面的专家的时候。

在说服的过程中，双方可能会谈到任意一个话题。当然，我们不可能对每一个话题都了如指掌，但如果你对此真的一无所知，就会让对方轻视你。相反，如果谈到了一个很生僻的话题，结果你对答如流，看起来很专业的样子，那么对方对你的崇拜感也会油然而生。这就相当于为你接下来的说服工作开了绿灯。

既然谈资如此重要，那么究竟该从什么地方获取谈资呢？方法很多。电视、网络、报纸、杂志、书籍等，都是获取谈资的途径。人们常说："读万卷书不如行万里路，行万里路不如阅人无数。"其实，读书、旅行、阅人都是人们获取谈资的方法，而且在说服过程中往往有着非常神奇的效果。比如，你想说服一个人改变他的想法，但一直没有成功。有一天，你们无意间聊起你曾经的一段徒步穿越沙漠的经历，正好对方对这样的旅行非常感兴趣。当你把自己在沙漠里遭遇的挫折、困难等讲完之后，对方被你的故事深深打动，对你产生了一种崇拜感。紧接着，你再稍微提一下他的那个想法有问题，然后提出你的建议，相信对方肯定会往你所期望的那个方向转变。

谈资虽然是以一种闲聊的方式呈现的，但是你在进行有目的的说服工作之前，最好把谈资梳理一番。这样，你们的沟通才会有方向，而且你的语言的逻辑性也会更强，从而让说服变得更容易。

善用积极正面的说服语言

我们都知道，积极正面的语言会让人振奋，而消极负面的言论会让人颓废。所以，人们都喜欢和充满正能量的积极人士相处，不喜欢和消极的人在一起。其实，在说服他人的时候，语言的积极与否也起着非常大的作用。试想一下，如果你说了别人不爱听的话，对方肯定会讨厌你，那么你又凭什么让对方接受你的观点呢？因此，为了增强言语的说服力，我们就需要多说一些他人喜欢听的积极正面的话。

马翔宇是一名刚入行的推销员，因为业绩很差，所以最近很苦恼。在周末和某个同事吃饭的时候，他感慨道："或许我压根就不是做销售的料。"

为了安慰翔宇，这位同事让他把平时见客户的场景给他模拟一遍，看看问题究竟出在哪里。

马翔宇虽然有点儿沮丧，但不想辜负同事的这番好意，就把平时见客户时用的话术阐述了一遍。他说："一般我见到客户后，都会这样跟他们打招呼，比如，'张先生，实在是抱歉，周末打扰你，还望见谅，你现在有时间吗？'结果，很多情况下，我这句话还没说完，就被对方给一口回绝了。然后对方会说：'要不下次吧，我现在很忙。'"

听完马翔宇的话，同事低头思索了一会儿，然后说道："我知道问题出在什么地方了，其实你在一开始的时候就已经让自己处于被动的局面了。首先，你没必要向客户道歉，因为耽误他的时间，是为了给他带来利益。事实上，客户应该感谢你给他介绍了那么好的产品，而不是你道歉说耽误了他的时间。如果你道歉了，则说明你对自己的产品不够自信。其次，当你道歉的时候，你无疑会向对方传递一种相对负面的情绪，不利于对方接受你会谈的请求。其实，你完全可以换一种说法，比如，'张先生，能在周末找到你真是太高兴了，给我3分钟时间应该没问题吧？'"

第二天，当马翔宇去拜访客户的时候，他采纳了同事的建议，结果顺利多了。

马翔宇最初会遭遇失败，跟他说话的方式有很大关系。面对他的问话，客户肯定会想：明知道会打扰，为什么还要来？至于"你现在有时间吗"这样的问题，更是会让客户反感。事实上，这样的问话已经给客户的拒绝铺平了道路，因为人们会顺着他的问题回答"没时间"。而同事的建议就很巧妙地规避了这些问题。"找到你很高兴"既表达了自己兴奋的情绪，又可以很自然地拉近与对方的距离。"给我3分钟时间"用得也很巧妙，因为就算客户再忙，也不会忍心拒绝3分钟的请求的。

有个教徒在祈祷的时候烟瘾犯了，便问在场的神父："祈祷的时候，可不可以抽烟？"

神父说："这是对神的不尊敬，不行。"

此时，坐在他旁边的另一个教徒也想抽烟，然而他是这样问神父的："吸烟的时候，可以不停止祈祷吗？"

神父回答："难得你有这样一份心意，当然可以。"

虽然表达的是同样的意思，但因为说的技巧不同，得到的答案也完全相反。所以说，积极正面的语言有时候并不是说你的热情到位就够了，它需要一点儿策略和技巧在里面。在说服的过程中，为了让语言更充满正能量，我们可以借鉴以下技巧。

1. 变"但是"为"正因为如此"

为了强调手写汉字在现代社会的重要性，有的人可能会说："虽然现在已经进入了互联网时代，但是手写书信依然很有价值。"这句话虽然把意思表达清楚了，但说服力一般。倘若我们换一种说法："现在已经进入了互联网时代，正因为如此，手写书信才显得弥足珍贵。"这样的说辞，不仅给予手写书信正面的肯定，而且会让读者产生用手写书信的强烈冲动。

2. 多说"没你不行"

虽然我们都知道无论少了谁地球都会照常转动，但是对某个个体而言，当听到他人说"没有你真不行"的时候，都会异常激动。特别是热恋中的姑娘听到男朋友这样说，肯定会更加兴奋。这句话的价值就在于，它突显了对方存在的重要性。一般人如果肩负了这样的"使命"，就会乖乖地顺从。

3. 避免说容易让人丧失信心的话

在工作不顺心、生活不如意的时候，人们总会习惯性地唉声叹气，或者说些抱怨的话，比如"这肯定不行""我的能力有限"等。如果自己认同了这些话，就会变得懒惰、不思进取。这些话不仅会产生连带效应，也会让你给他人留下一种固有的懒散形象。一旦人们对你有了这种印象，你再想说服他们，就会难上加难。

提升口才表达力，在情理之中突显说服力

说服是需要勤学苦练才能拥有的功夫。说服难不难，关键看你的功夫到不到家。但说服又与各门各派的实战功夫不同，它只有一个招式：张嘴。即便如此，要想把说服的功夫练到家，并不比各门各派的实战功夫容易。说服者需要对说服有一个根本性的了解，也要对围绕说服的规律有一个宏观的把握。当然，还有最重要的一点，即说服者必须做到"知行合一"。

有些说服不是一蹴而就的

老话说得好："心急吃不了热豆腐。"对说服而言，更是如此。有时候，可能三言两语就可以说服一个人；有时候，三番五次才能成功。同样是说服，有的耗时短，有的耗时很长。其实这很正常，毕竟任何说服都不可能是一帆风顺的，中间难免会遭遇挫折，需要你为之付出一定的努力。

拿"三顾茅庐"这个典故来说，当时，刘备、关羽、张飞去了两次都没有见到诸葛亮，结果关羽认为诸葛亮不过是徒有虚名，不敢来见，而张飞更是说只需自己一个人去，如果对方不从，便捆着对方来见。三人中，唯有刘备最有远见，也最有耐心，结果第三次拜访如愿见到诸葛亮。现如今，人们常用"三顾茅庐"来比喻真心诚意，一再邀请、拜访有专长的贤人。其实，不仅仅是贤能的人，就算是普通人，如果你想说服对方，则没有一定的耐心诚意也很困难。

刘龙是一家医疗设备公司的推销员，他想说服某市一家三级甲等医院的采购部经理购买他们的一款产品，结果那位经理以医院已经和其他设备公司签订了长期的供货合同为由，拒绝了他的请求。不过，刘龙并没有放弃，而是在第二天又去拜访了这位经理。

刘龙很有礼貌，而且很耐心地给那位经理介绍了他们产品的优势以及相关使用细节等。无奈，那位经理丝毫都没有被打动。刚开始，那位经理还偶尔听刘龙的讲解，但因为刘龙去得太频繁了，终于有一天，他冲着刘龙破口大骂："你的脑子是不是有病啊？我都说了多少次了，不需要，你怎么还来？"

一般人遇到这种境况，都会选择放弃，不过刘龙并没有这样做。他想：那位经理发了如此大的火，说明我的行为确实对他产生了影响。既然他已经生气，那么不能白白浪费掉这次机会。

两天后，刘龙又来到了这家医院。当他站到采购经理办公室门口的瞬间，那位经理一脸的诧异。很显然，他没有想到刘龙还会再来。或许是意识到前两天自己的火有点儿大了，那位经理很尴尬地问道："我不是告诉你了，我们不需要，你怎么又来了？"

见经理的脸上并没有特别的怒气，刘龙的心也放了下来，他说道："前天因为我的原因，让你生那么大的气，实在是对不住，今天来也是想向你道个歉。"

就这样，刘龙顺利地进入经理的办公室，聊了一些不相干的事情后，那位经理竟然主动让刘龙把产品的资料留下来一份，承诺如果有需要，后续就会跟他联系。

刚开始，刘龙还以为这位经理只是随便说说，结果他回公司的第二天，那位经理就给他打来电话，向他预定了两台总价值超过20万元的医疗设备。

　　销售之道，贵在坚持。我们从刘龙的故事里可以真切地感受到坚持的力量。当然，作为说服的主导人，刘龙的耐心更是他最终成功的关键。如果没有前期的积累，就不会出现后面经理的暴怒。经理的态度如果一直不温不火，那么他们的关系还是会像以前一样四平八稳。这种表面的和谐对签单并没有什么作用，所以，当经理脾气爆发的时候，刘龙看到的是机会。因此，他忍住了，坚持到了最后，也等到了他的成功。

　　可以说，耐心是这个世界上最容易的事情，但也是最难的事情。说它容易，是因为它只需要你静静地等待即可，不需要特别的脑力、体力；说它难，是因为没有几个人在耐心等待的时候，能够心不慌、脑不乱。其实，说服本来就是一件很让人烦恼的事情，当你一而再、再而三地对他人进行说服时，对方肯定会心生厌恶。在这种情况下，对方又怎么会接受呢？事实上，很多人正是在这种百折不挠的精神下被说服的。比如在感情上，因一方的耐心与坚持，两人终成眷属的例子也很多。或许一段感情刚开始，女孩子并不喜欢男生，但男生天天给他送玫瑰，写情书，任谁都招架不住这样的"攻势"。人们常说的"一见钟情"在现实生活中发生的概率并不大，大部分人的感情都是经由耐心慢慢地培养起来的。

　　总之，要想成功说服对方，首先就一定要有耐心。

晓以利害，让对方心服

虽然我们经常会用"不识好歹"来形容那些分不清好坏、辨不清是非的人，但现实中真正不知道是非、好坏的人几乎没有。正如孟子将"恻隐""羞恶""辞让""是非"列为人之"四端"，并认为它们都是人所固有的，并非外界强加的。人之所以有时候分不清好坏、是非，并非真的是理性缺失，而是站的角度不一样，观察到的事物也会不同，或者一时陷入迷雾，又无人点拨。所以，在试图说服他人时，我们不妨诚心诚意地告知对方这样做的利弊，相信他定会虚心接受。

巴西足球运动员贝利是举世闻名的"球王"，事实上，他在很小的时候就表现出了踢足球的天赋，而且有着不俗的成绩。有一次，在参加完一场激烈的比赛之后，小伙伴们都精疲力竭地躺在地上。有几个队友为了缓解疲劳，便拿出了香烟开始抽起来。贝利见状，也要了一支，学着大家把烟雾从嘴里吐出来，感觉很潇洒。就在这时，贝利的父亲从球场旁边经过，看到了这一幕。

晚上回到家里后，贝利看到父亲一脸严肃地坐在椅子上。他刚想回自己的房间，父亲却叫住他，问道："你今天抽烟了？"

"是的。"小贝利低着头，准备接受父亲的训斥。

父亲并没有责骂他，而是站起来，在屋子里来回走了好几圈，最后在他面前站住，说道："孩子，在踢足球方面，你确实有几分天赋，即便如此，你也需要勤奋苦练，将来才会有出息。你也知道，要想成为一名出色的球员，身体素质是最重要的。你可能会说，今天是你第一次抽烟，而且只抽了一根，但你要明白，烟这种东西是会上瘾的，有了第一次，就会有第二次、第三次。如果你染上了烟瘾，你的身体素质就会直线下降，到时候，你的天赋也就不复存在，你喜欢的足球也会与你渐行渐远。"

停顿了一会儿后，父亲接着说道："作为父亲，我有责任对你的不良行为提出批评，并加以制止。但最终你是否能够变得更好，主要还是取决于你自己。"

说到这里，父亲问道："你是想让烟雾麻痹自己的身体呢，还是想在足球的世界里闯出一片自己的天地呢？你已经不是小孩子了，你自己做主吧。"

紧接着，父亲从口袋里掏出了一些钱放在小贝利面前，说道："如果你不打算做一个有出息的球员，那么你就拿这些钱去买烟吧。"说完，父亲便转身离开了房间。

听完父亲的教导，小贝利泪流满面。过了一会儿，小贝利拿着父亲刚才留给自己的钞票，走到父亲面前说道："我再也不抽烟了，我要成为这个世界上最伟大的球员。"

从此，贝利在足球方面更加用心，训练也更加刻苦。终于功夫不负有心人，他兑现了自己当初的承诺，成了真正的"球王"。

　　当我们在佩服贝利父亲在教育儿子的良苦用心时，我们也不得不对他的说服方式表示赞赏。试想，如果他对贝利痛打一顿、痛骂一番，结果会怎样呢？或许当时小贝利是不抽了，但等到身上的痛没了，他就会忘记父亲的教导。相反，父亲把道理给他讲通了、说透了，这些东西就会刻在他的脑子里，烙印在他的心里，让他受用终生。

亮出底牌，通过开诚布公赢得人心

美国心理学家雷伊·托普松指出：如果能让双方互相坦率地指明条件，就容易使谈判双方达成一致，并形成双赢的局面，而且谈判双方各方面的满意度也可以提高到80%；如果双方均有所保留，则彼此会存留不满，形成双输的局面，各方面的满意度也会低于20%。可见，有时候亮出底牌更有利于在谈判中说服对手。

有人可能会觉得，即便自己直截了当地指明了条件，对方也可能会隐藏底线。确实存在这种可能性，不过心理学家也发现人与人之间存在着"好意回报性"的心理，就是说当自己敞开心扉的时候，则对方也会敞开心扉。同样的道理，如果你有所隐瞒，对方觉察到之后也会有所隐瞒，不管这种隐瞒对他是否有利。所以说，有时候不妨向对方明示你的底线。如此一来，对方也会照做，而你们之间的沟通就会减少试探，进而顺利进行。

事实证明，率先亮出底牌作为一种说服的策略有以下诸多优点。

（1）如果谈判双方从一开始就露出实底，则比较容易感动对方，使对方也采取积极行动，促成和局。

（2）首先做出让步是一种诚意的表示，会让对方产生一种强烈的信任感，容易形成友好的气氛，也易于交谈。

（3）率先做出的大幅度让步会给对方留下坦诚相见的良好印象，有利于提高谈判效率，降低谈判成本。

当然，亮出底牌终究不像其他说服技巧那样具有普遍性，或者说，亮出底牌存在的潜在风险也比较大。比如，如果自己先做出让步，则会让对方觉得你有些操之过急，也容易让对方感到还是有利可图的，继续讨价还价。特别是强硬而又贪婪的对手，在得到第一次让步后，他可能会继续纠缠，争取更大的让步。此时，如果拒绝了对方的要求，则反而会很容易出现僵局。

另外，由于亮出底牌还可能失掉本来可以争取到的利益，不利于在谈判桌上进行讨价还价，因此，人们在使用这种说服策略时，最好做到审时度势、趋利避害。

亮底牌策略作为一种非常敏感的策略，在具体运用中除了趋利避害之外，还有一些技巧性的东西需要把握。

就使用范围而言，这种策略最好在自己处于劣势或双方关系较为友好的前提下使用。以商务谈判为例，处于劣势的一方虽然实力较弱，但并不等于就一定会任人宰割，可以采用各种手段积极进攻来扭转局面。在采用这种策略时，应当充分表现出自己的坦率，以诚动人，用一开始就做出最大让步的方式感动对方，促使对方也做出积极反应，拿出相应的诚意。如果双方有过多次合作或者是处在氛围比较友好的谈判中，则双方更应以诚相待。遇到这种情况，当一方做出让步后，对方一般不会无动于衷。当然，谈判人员在使用这种策略时，语气要坚定，态度要诚恳，表述要明确，否则，会让对方猜测你还有所隐瞒。

把"你"变"我们"，善用高情商的说服语言

试想一下这样一个场景：周末，你想让弟弟和你一起把家里彻底打扫一遍。结果，当你对弟弟说出"你也来打扫卫生吧"的时候，弟弟却说他已经和朋友约好了要去打篮球或者去图书馆之类的话。他为什么会拒绝呢？没错，他可能真的是有事，也可能是真的很懒，但这并非最根本的原因。如果你换一种说法，比如说"咱们一起把房间卫生打扫一下吧"，此时，他的排斥心理就会减少很多。

以上这两种表述方式有什么区别吗？当然有区别。当你说出"你也来打扫卫生"的时候，会有一种命令的成分在里面，他会觉得自己只是配合你打扫卫生而已。相反，当你说"咱们一起把房间卫生打扫一下吧"的时候，他会觉得你是在和他商量，而且你们属于一个"团队"，不存在谁给谁做的问题。这就是本节所要讨论的"团队化"说服。

当我们在对他人说"一起"做某事的时候，会让对方觉得很愉快，从而忽略了你言语里面说服的成分。事实上，我们人都有一种和他人一起做

某事的本能，而且当你向对方这样提议的时候，对方能从你身上感受到一种被信任的感觉。这便是团队化意识在说服过程中的价值。

2013年6月，巴西世界杯的预选赛正在如火如荼地进行。一天，日本的涩谷十字路口格外热闹，因为很多球迷都在涩谷附近的酒吧喝酒助威。刚开始，比赛一直以日本队0：1落后的状态僵持着，不过在比赛即将结束的伤停补时阶段，日本队员本田圭佑射入点球，帮助日本队拿到了世界杯正赛的入场券。

因为比赛过程一波三折，所以聚集在涩谷十字路口的行人也越来越多。很多原本只是路过的陌生人，也停下来开始鼓掌。聚集的人越来越多，很快就造成拥堵，而且很有可能陷入一种恐慌的状态。遇到这种情况，一般的巡警会吆喝："请大家遵守交通规则，不要踏入车道！"若是在平时，大家或许会听从巡警的提醒，但当时的球迷正因为世界杯而处于兴奋状态，而且很多人还喝了酒。不过，事后这个十字路口并没有发生踩踏，也没有出现任何恐慌。那么，巡警究竟是谁用什么方法维持了现场秩序呢？

原来，当天执勤的是一位后来被称为DJ警察的巡警，他是这样对球迷们说的："别看我这个巡警平时总是对你们板着脸，但此刻我也为日本队的出线而深感自豪。此刻的我既是一名巡警，也是你们的队友，那么，请听从队友的建议。"

听到这位巡警如此一说，球迷们立刻为他鼓掌，而且也确实按照他的建议遵守了交通规则。事实上，巡警的这番话很好地抓住了球迷们的心，特别是一群年轻人，他们肯定会这样想：既然是队友，就肯定要听队友的话，刚才咱们日本队就是靠着这股合作精神才出线的。

其实，巡警的表述就是"团队化"说服的一个非常经典的案例。他抓住了广大球迷当时的心理状态，巧妙地规避了他们对命令的排斥，而且迎合了他们对"团队""队友"之类称呼的喜好。后来，这位DJ警察荣获"警视总监奖"，也是第一次有人以"交通管理"为由获得该奖。

"团队化"说服与其说是一种思维，不如说是一种讲话的技巧或者语言习惯。要做到这一点并不难，只需要将平时说话中的"你"变成"我们"，把"去做"变成"一起去做"就可以了。利用"团队化"的口吻去说服，会让对方产生一种伙伴意识，有时候即便提出是一些比较麻烦、困难的请求，对方也会欣然接受。

下
篇

情商高的人
这样拒绝

拒绝不是逃避，莫做不懂拒绝的"老好人"

拒绝究竟是一种不礼貌的行为还是一种个人权利的体现，一方面取决于拒绝本身的合理性，另一方面取决于当事人在面对拒绝时的心态。如果心态不对，则一切拒绝都有其不合理的成分，这也是为什么有些人不敢拒绝他人或者不知道该如何拒绝他人。与其说从来不拒绝他人的人是好人，不如说这种人是心理上尚不成熟的人。总的来说，合理、得体地拒绝他人，既是个人的自由、权利，更是我们这个时代情商高的表现。

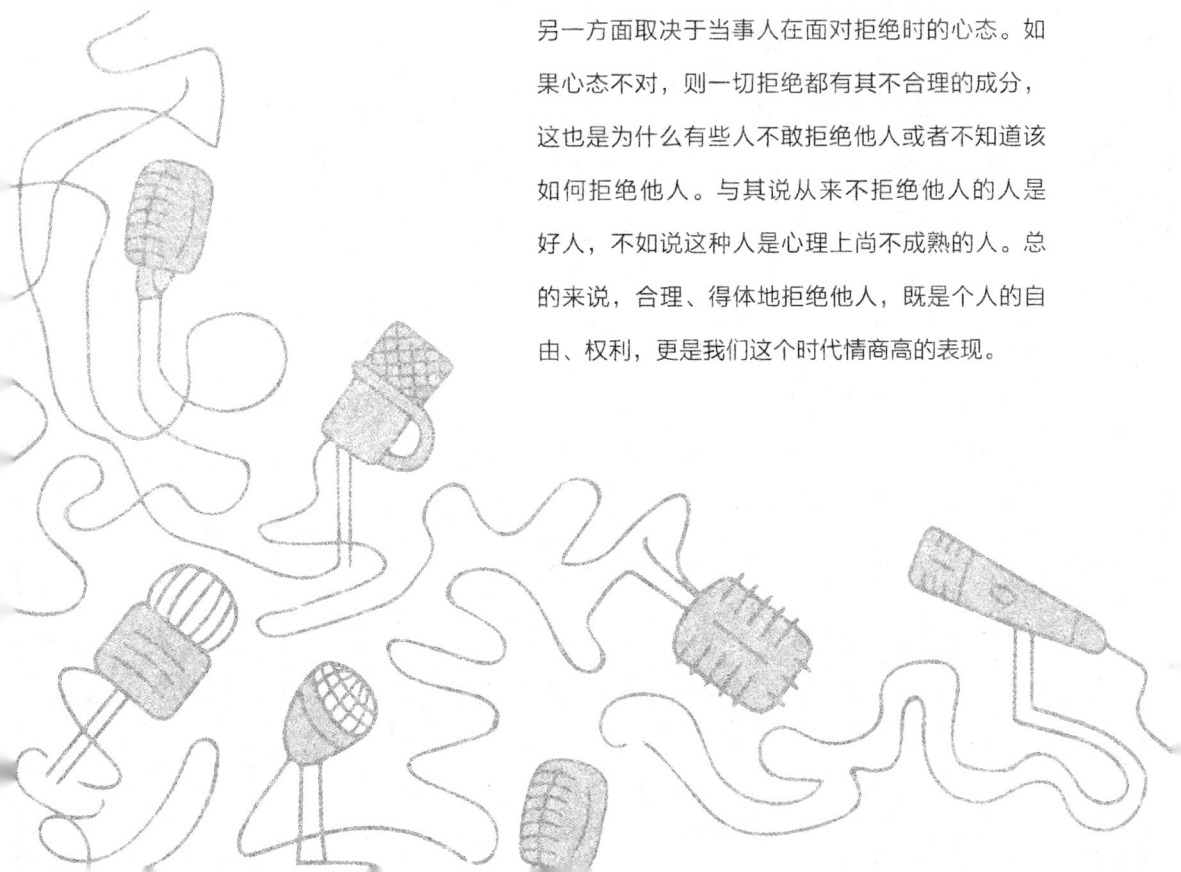

拒绝力就是社交力

对很多人来说，拒绝他人是一件很难办的事情。一方面，助人为乐的观念深入人心，这让很多人就像是被道德绑架了一般，不愿意拒绝他人；另一方面，中国人大多爱面子，感觉不好意思拒绝他人的请求。除了以上两种原因之外，还有一种原因普遍存在于人们的心里，那就是恐惧。

激起人们恐惧心理的因素有很多，比如，害怕拒绝领导的不合理要求会影响自己的升职，害怕拒绝同事的聚餐邀约会被视为不合群，害怕拒绝朋友的借钱行为会失去一份友谊，等等。毫无疑问，人们的这一恐惧心理都有其合理、客观的成分。但是，就像一个因为害怕水而从来没有游过泳的人会避免接触一切和水有关的情境一样，时间一久，这个人会因为一再逃避，缺乏与水接触的经验，从而很有可能使对溺水的恐惧变为现实。我们经常会说"怕什么，来什么"，其实就是这样的道理。

对拒绝的恐惧非但不能实实在在地帮助我们解决问题，反而会增加我们的负担。要知道，不可能任何人的任何请求你都有能力去帮助，也就是说，总有一天你会遇到自己不得不拒绝的情境。如果之前因为恐惧而没有及时拒绝，等到事情临近突然发现自己没有能力完成，不但会给对方带来损失，也会影响你们之间的关系。

这和上文提到的那个害怕水而不敢靠近水的例子相似。试想一下，如果有一天那个害怕水的人不小心掉进了深水区，他对水的恐惧会加剧他的恐慌。在这样的一种心理状态下，他就会盲目挣扎，会呛水。如果没有这种恐惧心理，或者说对水的恐惧没有那么严重，那么他依靠本能的挣扎或许还可以自救。但是，过度的恐惧只会带来感性的盲目，从而导致非理性的行为。

相反，如果这个人先在浅水区跟着一个技巧熟练的游泳教练学习一下，他就会多少掌握一些游泳的技巧。有了这些技巧，他对水的恐惧就会减弱，甚至最终会消失。重要的是，通过这个例子，我们可以发现，只有勇于面对自己恐惧的事情，才能真正克服恐惧心理。逃避只能加剧恐惧，这又会反过来强化逃避行为。认识到这一点之后，人们在面对拒绝他人时也应该清醒地认识到，要想克服自己对拒绝的恐惧，只能通过拒绝本身来达成。

任何事情都有正反两个方面。当你因为恐惧而不敢去拒绝他人的时候，面子上是过去了，但你的内心却会很难受。同样，勇敢地拒绝了他人，表面上不好看，但会给你带来诸多其他好处。比如，在聚餐的时候，你拒绝了同事的劝酒，你的肠胃就能免受伤害。另外，拒绝这一动作，也可以间接地彰显你的人格。如果你不懂拒绝，结果肠胃喝出了问题，则大家表面上夸你豪爽，但在内心里会责备说"不能喝就别喝，非要在这里逞强"。相反，如果你有礼有节地拒绝了对方，可能当时大家都觉得尴尬，但事后肯定会有很多人对你坚持立场的行为表示赞赏。

　　另外，你也不要担心没有帮朋友忙或者没有借给朋友钱就会破坏双方的友谊。首先，你没有帮忙，自然有没帮的道理，如果朋友不理解，那么他才是错的一方，所以自责的不应该是你。其次，如果因为这一点点小事就影响了你与朋友之间的关系，那么这也恰好印证了你们的关系本身就存在着问题。所以，你应该庆幸及早发现了对方的为人。

　　总之，如果感觉自己无能为力，就应勇敢地表达出来，不要绞尽脑汁地去想究竟该如何拒绝他人而又不得罪对方。如果总是抱着这种两全其美的想法，则难免会陷入犹豫的境地，进而烦恼丛生。事实上，当你真的大声地把"不"说出来之后，你就会发现，拒绝并没有自己想象中那么难，同时，拒绝的后果也没有自己想象的那么严重。归根结底，对拒绝的恐惧还是自己的心理在作祟。

取悦症是一种病

那些不懂拒绝的老好人，总以为自己很擅长让别人高兴，实际上他人的高兴是建立在自己的痛苦、力不从心的基础之上的。从表面上看，取悦是情商高的表现；但从本质上讲，则是一种智商低下的病态行为。

取悦症患者经常让自己处在任人摆布的状态，苛求自己遵守一些老掉牙的做人准则，并用一些不切实际的标准来衡量自己的行为。做到了以上要求，他们就会自诩为"好人"；做不到的话，他们就会因为人生的"瑕疵"而分外痛苦。那么，这些人为什么会产生这样的意识呢？很简单，因为他们的思维被很多苛求的"应该"污染了、扭曲了。这些"应该"就像病毒一样侵入他们的大脑，破坏他们的情感，虚幻他们的感觉，误导他们的行为。一旦被这种病毒污染，人们就无法获得真正的快乐和满足，也很难走向成功。

取悦者一直处在苛刻评判自己的压力之下，也是自己内心这种独裁思维的受害者。一旦未能严格服从内心的命令，取悦者就会自责、内疚；当别人不能满足他们准则中隐含的期望时，他们就会失望，甚至愤怒。

一般来说，取悦可以分为三种类型：认知型取悦、习惯型取悦和情感逃避型取悦。每一种取悦类型的背后，都有一种近似于病态的思维在主导。要想改变取悦于人的思维，首先要对这3种类型的取悦症有所了解。

1. 认知型取悦

认知型取悦症患者希望每一个人都喜欢自己。这类人一般都会坚持认为他人的需求高于自己的需求，而且将其作为判断自我价值的依据。认知型取悦症患者的问题来源于他们取悦于人的心态，而且这种心态会让他自以为可以免遭他人的刻薄对待。客观来讲，这种心态是不健康的，而且对他本人也是有害的。因为这种心态很容易让认知型取悦症患者变得沮丧、自责和焦虑，并且会在这种紧张的循环中无法自拔。

当然，对一个小孩子而言，有适当的取悦心态是可以的，而且是有益的，因为这会让大人们更加疼爱和喜欢自己。不过，对一个成年人而言，这种取悦的心态就是一种尚不成熟的表现。

那么，该如何克服自己取悦于人的心态呢？首先要改变思维。要知道，不顾自身的情况去做好人是有害的。一旦你意识到了这一点，那么在拒绝他人的时候，你的情感就不会有什么不适，而且还会开启你行为上的连锁反应，让你完全摆脱取悦症的泥潭。

2. 习惯型取悦

习惯型取悦症患者经常牺牲掉自己的需求来满足他人的需求，他们很少对他人的请求说"不"，或者说他们压根就不知道该怎么说"不"。当然，这类人也很少给他人分派任务。就像人们抽烟久了就有了烟瘾一样，如果一个人习惯性地取悦于人，就会产生"取悦瘾"。在这种瘾的刺激下，人们会从助人的过程中感受到虚幻的乐趣，一旦长时间没有帮助别人，就会很难受。另外，如果某个人经常找自己帮忙，忽然有一天对方找别人帮忙了，习惯型取悦症患者就会猜忌。长此以往，他们的身心就会受到极大的伤害。

习惯性取悦于人并非不能得到他人的认可，只是这种认可就像赌博的收益一样，偶然性较大。有些人沉迷于他人对自己的认可，为了提升这一频率，就会不自觉地想要取悦更多的人。可以说，这一行为和赌徒本身没有什么两样。放眼看一下历史上的很多伟人，他们总是坚持自我，从来不取悦于人，结果依然会受到很多人的爱戴。所以说，我们是否可以得到他人的认可，并不在于取悦于人的数量，而在于如何做好自己。

3. 情感逃避型取悦

这类取悦一般都是为了躲避令人不安的情绪，比如，提前预感到可能会与他人发生一场充满火药味的对抗，便通过取悦来避免对抗的发生。偶尔被这种情绪俘虏还说得过去，但长此以往地逃避，只会让人逐渐丧失学习如何处理冲突以及应对愤怒的能力。

为了改变这种思维，人们首先需要克服对冲突的畏惧。我们要理解冲突是如何发生的，以及如何更好地化解冲突。

有时候，人们的取悦症只属于以上三种情况中的一种，但也不排除有些人可能兼备以上三种取悦症的全部特征。虽然我们将取悦症分为三种，但它们终究都属于取悦症，所以它们还是有一些相似的地方的。就其根源而言，思维绝对是主导性的。所以说，要想矫正自己取悦于人的病态行为，首先要做的就是改变自己的思维。

每个人都有权拒绝他人

为什么很多人会觉得拒绝他人很难呢？其主要原因无外乎感觉不好意思。如果说熟人之间的不好意思还情有可原，那么在拒绝陌生人的时候，这种不好意思的心理来自何处呢？当然，与那些大大咧咧的人相比，适度的不好意思会彰显你的矜持，突出你的气质。不过，当不好意思的心理大肆蔓延，已经达到了你无法控制的地步时，这只能说明一个问题：你还不够成熟。唯有成熟的人才知道如何维护自己的权利，而拒绝正是人们拥有的权利之一。

西方国家有专门研究拒绝艺术的机构，他们强调，现代人应该培养这样一种意识："你不必为拒绝他人而不好意思，你有说'不'的权利，这是你的自由。"在拒绝的时候，你大可以举止坦然、态度明朗，这样做也可以避免他人的误解或猜疑。有时候，因为不好意思，所以在说话的时候吞吞吐吐，表达上不清不楚，这样很容易让对方产生反感。越是这样，越会刺激人的紧张心理，结果也就越不好意思。长此以往，就会导致恶性循环。

有时候，就算对方对你的拒绝不理解，说了一些难听的话，但只要你的态度够坦率，语言够明朗，那么对方也会受到感染，开始反思，进而弱化自己不愉快的心理。但如果你在拒绝时像做贼一样感到心虚，对方便会变本加厉，从而也加剧了你拒绝的不合理性。也就是说，当你拒绝了对方之后，你的拒绝是否合理并没有形成最终的定论。如果你问心无愧，并坦然地表现出来，合理性的天平就会往你这边倾斜；如果你心中有愧，并以一种尴尬的表情呈现出来，合理性的天平就会向对方那边倾斜。

程言刚谈了一个女朋友，周末约好和对方一起吃饭、看电影。结果，饭刚吃到一半，老板突然打来电话，让他去公司修改一个急用的方案。虽然他向女朋友做了解释，但对方因为这件事一直耿耿于怀，甚至有好几次打电话，女朋友都不接。其实那个方案的主要负责人并不是程言，只因为他平时比较热心，而且拿着公司的钥匙，所以大家遇到什么事都喜欢找他帮忙。不过，自从上次因为工作上的事影响了和女朋友的关系之后，程言就暗下决心，以后老板再让自己在周末加班时，一定要果断拒绝。果然，没过两个星期，老板又因为方案的事情，让程言去公司。这次，程言虽然没有特别的安排，但还是拒绝了。结果，第二天到公司的时候，他被老板大骂了一顿。程言很委屈，心情很差劲，当天晚上和女朋友一起吃饭的时候没忍住，冲她发了脾气。最后，女朋友饭也没吃，摔门而出。

我们仔细分析程言的故事会发现，拒绝作为人的权利要经常使用才会发挥作用，如果你总是不用，偶尔用一次，则非但得不到他人的体谅，还会引发他人的指责。这就好比你总是帮室友扔垃圾，可是有一天你心情不好，或者忘了，没扔垃圾，结果室友还责怪你变懒了。通常，不懂拒绝的人的内心一般都较为敏感，此时再遇到他人蛮不讲理的指责，就会难受。所以说，我们要将拒绝作为自己的权利，但也要学会合理驾驭它。如果你以前压根就不知道拒绝为何物，在运用拒绝这个权利时就要一步一步来，不能一说拒绝，就立马对所有人翻脸。

坚持原则，别让不好意思拒绝害了你

在现代社会中，人们遇到的各种诱惑更多，处理的人情世故更复杂，如果没有一定的原则，该为的不为，不该为的乱为，则结果可想而知。另外，如果一个人没有原则，则在面对他人的请求时，也往往不知道该如何拒绝。到头来，除了勉强自己做一些吃力不讨好的事情之外，还无法博取对方的好感。相反，那些始终坚守原则的人，除了可以理直气壮地拒绝别人之外，还可以为自己赢得持久的声誉。

1986年，哈佛大学举行建校350周年的庆典，打算邀请里根总统发表演讲。能获得哈佛大学的邀请，里根总统自然十分高兴，不过他也提出了一个要求——希望哈佛大学能够授予他荣誉博士学位。总统的这个附带要求让校长很头疼，便将此事提交大学董事会进行讨论。

董事会很快就此事做出了决定，并给里根总统写了一封信，说道："尊敬的总统先生，很抱歉，我们不能答应你的要求。我校的学术称号只能授予那些在学术上获得非凡成就的人，个人的身份和地位，既不是障碍也不是台阶，作为哈佛大学董事会的成员，我们只有维护本校学术声誉尊严的权利。"

看到这封信后，里根很失望，也很尴尬，自然没有脸面去参加校庆了。这本来是一件很尴尬的事情，却一时间传为佳话，让哈佛大学的名誉更响。在众人看来，哈佛大学有原则，不因对方的身份而放弃自我的尊严，从而义正词严地拒绝了总统的要求。

哈佛大学能够在成立380年后，依然屹立于世界高等教育学府的顶端，和它对自己原则的严格坚守有着密不可分的关系。立校如此，做人更该如此。坚持自己的原则，不仅对自身的独立性大有帮助，而且对拒绝力的提升也有很大帮助。一旦坚守原则成为你做人的标签之后，别人就会知道什么事可以找你帮忙，什么事即便找你也没用。以前人们常讲"人红是非多"，其实，当你的原则性很强时，很多是非、烦琐之事也就会离你越远。

有原则的人就像是长在土里的参天大树，没有原则的人就好像随风倒的墙头草。有的人会以变通为借口来强调灵活性的价值，从而不停地改变自己的行事法则，去迎合他人的要求，实际上只是内心怯懦罢了。其实每个人内心都有自己的原则和行事标准，主要差别在于，有的人会极力坚持自己的主张，而有的人则会见风使舵，随意改变自己的原则。客观来讲，坚守原则和灵活处世虽然各有各的优势，但是，在生活中，我们不可能将两者做泾渭分明的区分，而且也不是说有原则就不可以灵活变通。其实，真正在社会上有所成就的人，往往都是两种人的混合体。他们既善于灵活变通，又能够做到不违背原则。

善用肢体动作，做高情商的拒绝大师

古人云："大音希声，大象无形。"事实上，我们的肢体动作也可以代替言语成为拒绝他人的希声之音、无形之象。有时候，肢体动作所传达出来的拒绝之意更为传神，也更加管用。当然，有表示拒绝的肢体动作，同样也有表示欢迎的肢体动作。所以说，当你想要表达拒绝的时候，千万不要误用肢体动作，以免向他人传达出相反的意思。

用游离的目光传达拒绝心

我们之所以把肢体动作视为人类的无声语言，是因为很多人都是通过他人的肢体动作来猜测其内心想法的。在所有的肢体动作中，眼睛在传情达意方面的价值更是不可小觑的。对社交礼仪略有了解的人都应该知道，跟别人交流时最好看着对方的眼睛，这样既是尊重的体现，又方便情感的交流。当然，如果你想拒绝对方，眼神的交流就应该逆向应用。

刘娇和一个朋友约好了在商场门口见面，因为朋友路上堵车，要晚到一会儿，刘娇便想着到商场里随便逛逛。她刚走到一个卖服装的商家店门口，店员就热情地招揽刘娇进去看看。看对方那么热情，刘娇就勉为其难地答应了。不过自始至终，刘娇都没有打算在店里买衣服。

商家见刘娇如此顺从，便趁机给她介绍了一款新品外套。见商家如此热情，刘娇也不好意思当面拒绝，索性在对方介绍外套的时候，将目光游离到了另一件衣服上面去。估计是揣摩到了刘娇的心思，商家在将那件新品简单介绍了一遍后，赶紧把重点又放在刘娇刚才用目光斜视的那件衣服上。结果，刘娇再一次把目光游离到另外一件衣服上。

这下，店家明白了刘娇的意思，便没有再继续讲解，而是让刘娇自由观看，并告诉她如果有相中的衣服，可以试穿。就这样，刘娇借助自己游离的目光委婉地拒绝了商家的推销。

我们都知道，眼神的交流有利于沟通的进行，也是双方进行情感互动的信号。特别是当一个人想说服另一个人的时候，他往往会紧盯着对方的眼睛，借此来表达自己强硬的信念。注视代表了自己的激情，也确实能够增强说服的力度。当然，以上是从说服的角度来评价目光的交流的。实际上，如果你要拒绝对方，就尽量不要与对方有过多的眼神交流。

曾经有一位沟通大师坦言，与那些说话时不看你眼睛的人沟通是最困难的事情。一方面，这种人会给你造成一种你好像做了什么对不起他的事情的感觉；另一方面，你也无法从他的表情中感受到他内心真实的想法。这样一来，你们之间的沟通势必会受阻。

因此，想要拒绝对方或者想要结束谈话，最好避开对方的视线或者垂下眼皮，以此来给对方这样一种暗示：谈话该结束了。一般情况下，人们对这种动作的言外之意都能心领神会。

有研究人员通过实验发现，人们在遭遇目光碰撞的时候会产生紧张的心理。这种心理会演化成两种完全不同的情况：一种是让人变得更加积极、热情，另一种则会让人变得更为焦躁、不安。比如，你在餐厅里无意间和旁边一位滔滔不绝的客人的视线碰撞之后，他的表达可能就会突然变得生硬起来。这就属于典型的视线碰撞导致的不安情绪。当然，也有一些人可能平时说话不多，但是只要一站在讲台上就会激情四射。这是因为站在台上时，他们的眼神与下面无数的眼神发生碰撞，并被听众专注的眼神所吸引，进而刺激了他们表达的欲望。

虽然经过学习、调整或者训练可以转化眼神对视后的不安，但是要想消除紧张的情绪则并不那么容易。基于此，人们在拒绝他人时，可以多用一些闪烁的眼神来刺激对方的紧张情绪。不过，需注意的是，在和对方的眼神对视后，不要被对方吸引或者形成注视，因为那样会激发对方继续交流的兴趣，从而不利于自己拒绝的达成。

目光游离作为拒绝的常用手段有一个非常实际的好处，就是可以作为铺垫让你更加顺畅地将"不"说出来。这种情形十分常见。比如，你在对方灼热的目光下，突然失去了拒绝的勇气，不妨站起来做其他事情，背对着他，或者假装给对方倒水等，然后趁机把你的拒绝之辞表达出来。这样，就可以避免因为拒绝而造成的尴尬之情在脸上灼烧。

在拒绝时，也会遇到无法避免与对方的眼神进行交流的情况。此时，可以采用两种方法来表达自己的拒绝：一种是以无可奈何的笑容来表达歉意，告诉对方自己无能为力；另一种是用坦然的眼神看着对方，直接说出你拒绝的理由。前一种情况适合情感上的拒绝，比如你不好意思说出拒绝的理由，但又不想伤害对方的情感；后一种情况一般用在你有足够的理由拒绝对方的情况下。

眼睛的动作幅度不大，但作为心灵的窗户，它所呈现的"景观"却非常多。拒绝的时候，具体该如何运用眼神，要视具体情况而定，但整体原则要把握好：不要和对方有过多的眼神交流。

你沉默不语，对方便无话可说

前面我们曾经介绍过一种说服他人的方法——倾听，也就是说自己尽量少说，让对方多说。这一节我们把沉默不语作为拒绝他人的方式，那么倾听与沉默不语之间有什么内在联系呢？实际上，这两种行为只是在形式上看起来相似罢了，而本质上却有很大不同。倾听是专注的一种表现形式，而且对方能够从你的回应中感受到这种专注。相反，沉默不语则是一种潜在拒绝的表现，也就是说不管对方说什么，自己都不做出回应。另外，倾听一般会伴随着微笑、点头等动作，而沉默不语则完全是一种游离的、面无表情的神态。

一般情况下，沉默不语有以下两方面的作用。

1. 避免冲突升级

有时候，在面对他人的故意刁难时，如果你正面反击就有可能正中他们下怀；相反，如果你保持沉默，任凭对方怎么发作你都不做出反击，他

可能很快就会"熄火"。此时，你的行为既避免了矛盾的进一步激化，又
为进一步同对方交涉留了余地。事实上，在这种情况下，如果你还能保持
沉默，则不仅能体现你豁达的胸怀以及良好的修养，而且能让对方意识到
你拒绝的态度。当然，在面对他人非理性的指责时，如果我们能够做到一
方面保持沉默，另一方面用锐利的目光注视他，就可以起到一种威力巨大
的震慑作用。

刘莹从小就是父母眼中的乖乖女，参加工作后也是公司里默默无闻的
"隐形人"，平时很少说话。当然，这并不意味着刘莹就是一个害羞、懦
弱的小姑娘。事实上，她平时和人说话时总是面带微笑，而且很有自己的
主见。和她关系要好的朋友都知道，刘莹只是不想太张扬罢了，但她心里
对一切都非常清楚。

她们部门有一位脾气比较火爆的姑娘，平时遇到点儿烦心事就拿身边
的同事出气，一会儿你这个不好，一会儿你那个不对。总之，谁和她坐在
一起，谁就会遭殃。那个姑娘来公司不到半年，旁边已经换了5个同事。
最后，没办法，主管只好把刘莹安排到她旁边，因为部门里的同事差不多
都轮了一遍。

一天，因为和男朋友吵架了，所以那个姑娘又开始发飙了，冲着刘莹
就是一顿指责。明眼人一看就知道，她指责的事跟刘莹没有任何关系。不
过，让所有人没想到的是，刘莹非但没有生气，眼睛还顶着对方看了一下，
然后很调皮地来了一句："啊？哦！"紧接着，她就没音了，头一扭又开
始忙自己的工作了。结果，刚才指责她的那个姑娘，脸涨得通红，不知道
接下来该如何应对。没一会儿，对方就趴在桌子上哭了起来。此时，没有
任何人上去安慰，反而是刘莹主动给她递了纸巾，并说了两句安慰的话。

让公司所有人感到神奇的是，从那以后，那个姑娘再也没有对刘莹发过脾气，而且两个人也渐渐成了朋友。后来回忆起那次发飙的经历，同事们问刘莹为什么不反击的时候，刘莹这样回答道："如果反击有用，我肯定就会反击，事实证明，沉默才是最好的反击，不是吗？"

2. 做暗示性表态

表面上看，沉默不语像是一种模糊的语言；但从本质上讲，它却是一个明确的表态。比如，对方提出了一个解决方案，你不敢苟同，但又需要顾及各方的关系，因此不便于明言反对。此时，沉默不语就是最聪明的做法。大家看到你沉默的神情，多半会明白你的意思，也就不再固执已见。

在某些场合，对于他人提出的问题，不管自己怎样回答，都会置自己于不利的地步。此时，装聋作哑式的拒绝就是非常好的办法。

1953年6月，美、英、法三国政府领导人在百慕大举行会谈，当时79岁的英国首相丘吉尔以年事高、耳朵背为由，经常性地回避一些不好回答的问题。不过，遇到他认为重要的话题，他就开始在谈判桌前与美国总统艾森豪威尔以及法国外交部部长皮杜尔讨价还价。为此，艾森豪威尔甚至幽默地说："装聋成了丘吉尔的一种新式防卫武器。"

当我们想要表达拒绝而又不知道该如何做的时候，沉默不语就是最好的武器，因为它可以收到"无声胜有声"的良好效果。

当然，沉默并非灵丹妙药，更不是万能钥匙，不能解决所有的问题。有时候，我们的沉默反而会助长他人的气焰。所以说，在涉及原则、正当权益等问题的时候，我们需要坚决地打破沉默。

保持距离，拒绝力自然提升

心理学家的研究表明，人与人之间的空间距离与心理距离是密切相关的。一个陌生人离我们太近，自然会引起我们的警觉和不安，从而也会产生一种本能性的抗拒意识。相反，当遇到朋友、亲人、爱人的时候，人们就会不自觉地相互靠近。事实上，每种关系都有与之匹配的空间距离。美国人类学家爱德华·霍尔通过自己多年的观察和研究，总结出了4种距离。

（1）亲密距离。一般在0.15～0.45米之间。这是诸如父母、夫妻、恋人等亲人之间的相处距离，一般在触手可及的范围，目的是方便爱抚或者施与保护等。当然，关系非常密切的同伴也不排除离得很近。

（2）个体距离。一般在0.45～1.2米之间。这一距离方便拥抱，也适合促膝长谈，对方的表情也可以一目了然。

（3）社会距离。一般在1.2～3.6米之间。这一距离超越了正常情况下身体接触的范围，是正式社交场合人与人之间以及在一起工作的同事之间的正常距离。这种距离既不受他人影响，又不会给他人带来不便，会给人一种庄重感、严肃感。

（4）公众距离。分接近型和远离型两种情况，前者一般在3.6～7.5米之间，后者在7.5米以上。这种距离一般属于演讲时，演讲者与听众之间的距离，也说明双方有很多问题或思想有待解决或交流。

距离的划分，一方面可以作为判断人们关系亲疏的依据，另一方面也可以作为自己表达亲疏的"工具"。比如，在一个宴会上，你刚结识了一位风度翩翩的帅哥，那么在和对方碰杯的时候，你离他很近就表明对他有好感。当然，如果你遇到了一个主动上前打招呼的"丑男"，而且对方说话吞吞吐吐、啰啰唆唆，很招你讨厌，那么你故意拉开与对方的距离，就是一种最好的暗示。

如果我们仔细观察，很容易就会发现在同一个派对中，人们彼此之间的距离可谓远近不一。有些距离是无意识间形成的，有些距离是有意划开的，前者多见于熟人，后者多见于陌生人。距离的调整，从本质上讲也可以视为人们心意的表达。由此可见，人们的这种地盘意识也会间接地影响自己的拒绝行为。既然如此，我们就应该多加了解，以便在拒绝的时候，能够更加明确自己的立场。

很多人会问："地盘意识对于提升拒绝力究竟有何意义呢？"其实，两者之间的关系很大。地盘意识越强烈的人，渴望的空间就越大，也就越容易拒接他人；反之，地盘意识薄弱的人，他渴望的空间相对有限，也就不容易拒绝他人。需要说明的一点是，这里的地盘意识并不仅仅只是个人渴望的空间距离，还包括个人所拥有的物品的占地面积。比如，那些办公桌特别大的老板通常情况下会比那些办公桌面积小的老板更难接触，因为他们的拒绝意识更强。

张来是一家互联网公司的产品经理，因为之前曾经也做过销售，所以对来到公司推销产品的业务员都比较宽容。有一个推销保险的小姑娘因为第一次来的时候很有礼貌，给他留下了非常好的印象，所以两个人便成了半生不熟的朋友。

话虽如此，但张来对保险一点儿也不感兴趣，又不好意思当面拒绝那个姑娘。结果，对方看张来如此有礼貌，于是就越来越大胆，越来越勤快，几乎每隔两天就要来一次。这下张来可傻眼了，他觉得如果再这样下去，自己就不能安心工作了。后来有一天，有个同事给他支了一招。当这个小姑娘再来的时候，张来把她引到会议室，而且两人面对面坐。结果，小姑娘刚来时的兴奋劲很快就被冷清的会议室以及偌大的会议桌给镇住了，几乎不知道从什么地方开口。最后，那个小姑娘又来了一次后，就再也没有来了。

我们总是说"距离产生美"，通过上面这个例子，我们也发现了，其实距离也可以产生拒绝。所以说，当你想对同事说"不"时，不要走过去，而要站在桌子对面。你们之间的桌子会成为你的地盘的自我延伸，从而能让你更容易说出"不"来。

运用肢体语言，让拒绝变得更简单

曾经有一项研究发现：世界各地的人们在表达同意的时候，基本上都会采用点头的动作；同样，表示拒绝的时候也都采用摇头的动作。即便是一些与外部世界很少联系的原始部落群体，也都遵循着这样的肢体规则。由此我们可以发现，摇头作为表示拒绝的肢体动作，不仅非常普遍，而且比语言出现得更早。当然，摇头并非人们表达拒绝的唯一肢体语言。下面就为大家介绍一些其他比较常用的表示拒绝的肢体语言，可以在不方便说话或者配合言语的情况下，达到拒绝的目的。

1. 双手交叉放在胸前

通常，我们在等电梯或者坐地铁的时候，会看到很多年轻人这样的行为：他们双手交叉放在胸前，目视前方，给人一种拒人于千里之外的感觉。看到有人摆出这种姿势，人们甚至会不好意思站在他面前。有些小孩子在生气的时候，也会做出这样的动作以示抗议。这种动作就像是自己立场强硬的一种表现，也像是对待他人攻击行为的一种防御。很多商务人士在谈判桌上经常用这样的动作向对方传达自己不会妥协的意思。其实，如果你想拒绝他人的某个观点或者说教，就可以双手交叉放在胸前，这是最简单易行且效果明显的行为。

2. 正襟危坐

在和朋友聊天的时候，人们往往会很放松，站、立、坐、卧都很随意。不过，一旦朋友提出某种不合理的请求时，很多人就会收敛自己的动作，开始"坐有坐相，站有站相"。为什么会这样呢？道理其实很简单。你越随意，朋友就越大胆，提的要求也就越过分；相反，如果你表情严肃地坐在那里，朋友提请求时就会相对谨慎许多。因此，如果你事先知道朋友可能会提出一些过分的请求，就可以事先摆正自己的身体，正襟危坐，这样朋友提请求的时候也会三思而后行。

3. 频繁看表

看表本是一种再正常不过的行为，但如果看表的次数过于频繁，而且是在与人交谈的过程中看表，那就只能说明一个问题：对方的内心比较不安。当然，对方可能真的是赶时间，更大的可能是对方对你说的事情不感兴趣，急着离开。通常，频繁看表已经在大众心里形成了表示拒绝固定化意义，所以当你想表达拒绝的意思时，这一动作可以达到强化的效果。

4. 放松与紧张交替

美国精神医学专家阿尔巴德·谢弗林教授曾经通过观察发现，一个人的态度在放松和紧张之间来回切换，会让他人无法理解他的肢体语言，以至于找不到说服的线索。比如，一开始你把脚伸到前面，双手在头部后面交叉，完全是一副开放的姿态；然而，很快你便挺直背部，并将身体向前微微倾斜，做倾听状。你的这些动作看似无意，但很容易分散对方的注意力。而且，因为对方无法从你的一系列动作中发现规律，故而也试探不出你的兴趣点，自然也就抓不住说服你的重心。

5. 摆弄手边的物品

日本索尼公司创办人之一井深大曾经讲述过自己的这样一个习惯：当他对有些人的谈话不感兴趣的时候，他会很直率地拿起旁边的报纸来看。这种拒绝的做法虽然很露骨，但也体现了井深大的真性情。另外，还有一位著名的评论家也说过，如果遇到了自己不喜欢的访客，他会一边和对方说话，一边整理自己的名片。有些访客可能不在意，感觉一点儿也没有受到干扰，于是，这位评论家就开始解一些期刊杂志上的猜谜题，一会儿想，一会儿写，直到访客知难而退，自动离开。

戒掉不利于表达拒绝的小动作

有些肢体动作可以非常明确地表明自己拒绝的意思，比如摇头、皱眉等，但是有些肢体动作却起到了相反的作用。在拒绝他人的时候，我们要强化前者，规避后者，以便自己的拒绝力可以最大限度地发挥。

事实上，有些人之所以无法拒绝他人，并非是因为不懂得说话的技巧，而是不太注重自己细节上的动作，结果让对方抓住了机会，攻破了拒绝的防线。那么，在拒绝别人时，我们要避免做哪些不利于表达拒绝的动作呢？

1. 拒绝时，还接触对方递过来的东西

在百货公司或者商场，我们经常会听到有人这样叫喊："走过路过，千万不要错过啊，这里的布料质量上乘，价格便宜。来，这位美女，拿起来摸摸、看看。"商贩边说边把商品递给了一位路过的女士。这位女士把布料拿在手里看的时候，四周其他的顾客也会聚拢过来。乍一看，这只是

一种非常普通的售货方式，没有什么特别之处，其实，这里面隐藏着深刻的心理学知识。

商贩把商品递给你并不是真的为了让你检验质量，而是为了让你通过接触商品产生一种接受商品的心理状态。事实上，同样一件商品放在眼前，你接触了和没有接触完全会产生两种不同的感受。没有接触，难免会怀疑；接触了之后，你才会产生一种安宁感。当然，如果你的目的是拒绝对方，那么这种安宁的心理状态就是禁忌。很多顾客原本并没有打算购买这些产品，而且拿起来看的时候还特意提醒自己只是看看。结果，一"看"却不可收拾，最后还是把产品买了。其实，这种心理不仅仅在购物时会发生，在日常工作、生活中也会发生。

李彤是一位销售员，有一次到客户那里洽谈时，因为走得匆忙，结果把钢笔落在公司里了。在和客户洽谈的时候，因为要核对文件，所以她便不得不使用客户递过来的钢笔。虽然有点儿难为情，但频繁地使用对方钢笔的行为也让她有了一种无言的亲近感。虽然我们无法准确地形容这种亲近感在洽谈中到底发挥了多大作用，但事实上，李彤在接下来的谈判中做出了很大的让步。

我们经常说："拿人家的手短，吃人家的嘴短。"接了别人的东西，自然不好意思再拒绝对方。基于人们的这一心理，当我们在收别人的礼物时，我们一定要明确对方这样做的目的。如果对方这样做是为了阻止你的拒绝，你一开始就不要收对方的东西，或者把东西给对方退回去。

总而言之，如果对方递给你的东西违背了你的意志，就不要接。如果已经接了，那么最好在最短的时间内给对方送回去，因为你的拖延会被对方视为你的意志还不是很坚定，还有商量的余地。为了顺利归还，你需要提前规避这样一种可能：对方送了礼物之后便消失不见。因为这样，你即便是想退还，也会找不到人。

2. 拒绝时，不停地触摸自己的身体

在与人交谈时，有些人总是习惯性地触摸自己身体上的某个部位，比如头发、下巴、衣服角等。一般情况下，这类动作会被视为心理不安的表现。如果这类动作发生在与一个人的初次约会，这种心理则可以理解，而且也很正常。不过，当这种情况出现在你与他人的沟通过程中，特别是你想拒绝对方的时候，它就是一种禁忌。

心理学家认为，一个人触摸自己的身体，其实是一种心理上的自我安慰。这种人的内心一般都比较柔弱，在遭遇自己不愿意接受的事情时，通常也不敢理直气壮地拒绝；相反，当一个人内心非常强大的时候，他就不会随意触摸自己的身体。

仔细观察电视上的政治家或者知名的演讲家，我们就会发现，他们在发言演讲的时候，除了他们的手势之外，基本上没有其他的小动作。所以，如果你要拒绝他人，就要对自己的小动作多加留意，不要随便触碰身体上的某个部位，以免给他人留下软弱、无能的印象。

拒绝须得体，委婉含蓄最相宜

当我们想表达欢迎的时候，直白本身就是最好的仪式。不过，当我们想要表达拒绝的时候，委婉含蓄才是高情商的体现。虽然有时候我们也提倡拒绝要干净利索，不要拖泥带水，但这并不意味着忽视方法，无视对方的感受。拒绝难免会给对方造成心理上的伤害，而委婉含蓄法又是将这种伤害降到最低的主要策略，所以，能够做到这一点的人，都是高情商的楷模。

带点儿幽默，在拒绝中保全对方面子

如果说说服主要考验一个人的智商，那么拒绝则更像是在考验一个人的情商。拥有高情商、懂得拒绝别人的人，非但可以维持与被拒者固有的关系，还可以借此机会树立高尚的品德以及展示良好的修养等。相反，不懂拒绝的人，即便他说的理由千真万确，也会让他的形象在对方心里大打折扣。那么，如何让自己在拒绝的时候既可以维护自身形象，又不破坏双方的关系呢？事实上，只要在拒绝的时候适当地带点儿幽默，就可以很自如地达到这种效果。

张轩是一家公司的销售经理，最近正在和一个老客户谈一笔大买卖。这位客户仗着自己已经和张轩的公司合作多年，而且这次要的货也非常多，便一直往下压价。虽然张轩已经把价格降到了"史上最低"，但对方显然还不满意，坚持让张轩在原有价格的基础上再让一大步。

张轩非常清楚，如果价格再降，则公司几乎不可能从这笔买卖中获得任何利益，所以他也非常生气。不过，张轩也知道，自己不能生气，因为对方的进货量相当于公司一个季度的销量，如果把这个客户得罪了，就相当于得罪了公司的"财神爷"。所以，张轩既不能答应对方的要求，又不能直接拒绝对方的要求。

就在双方陷入僵局的时候，张轩突然说："好吧，我同意你们的报价。"听到张轩的表态，客户几乎高兴得跳起来。突然，张轩接着说："不过，你们先给我们的工人准备一些过冬的衣物和食品，因为冬天马上就要到了，总不能让工人们忍冻挨饿白帮你们干吧？"

听张轩这么一说，对方的谈判代表干咳了两声，然后说道："这个当然不行。要不这样，价格这一块我们再研究一下。"

结果，10分钟不到，对方就同意了张轩提出的最低价。不能不说，正是张轩的机智幽默化解了危机，让公司顺利地拿下了这单生意。

如果张轩在一开始就态度很强硬，或者直接告诉对方"我们不能接受这个价格，因为如果这样做，我们就没有利润可言了"，那么结果可能完全会是另外一个样子。虽然这句话和上文中的"忍冻挨饿"是一个意思，但后者的表达效果明显比前者更委婉、更幽默。这种略显搞笑、夸张的诉求，不仅让对方真切地感受到自己的难处，而且还能体现出自己的真诚。

在生活中，遇到别人向自己提出要求或者请求都是很常见的事情，这些要求、请求里面有些是合理的，有些是不合理的，而且即便都是合理的，我们也不可能全都答应对方。尤其是当自己非常熟悉的朋友、亲戚、同事等提出自己不能或者不方便接受的请求时，我们往往会处于尴尬、纠结的境地。此时，如果板着脸拒绝，则势必会伤害双方感情；如果能够以幽默的方式调侃一番，效果就会大不一样。

刘燕因为长得漂亮，而且有点儿像姚晨，所以大家私下都叫她"小姚晨"。不过，长得漂亮也给她带来了莫大的苦恼，比如，经常有人找她搭讪，甚至示爱等。刘燕知道"爱美之心人皆有之"，所以她也不想用一些难听的话伤害搭讪的人。不过，当这样的事情发生得太频繁，已经干扰到自己的正常生活时，她也有点儿吃不消。为此，她特意买了一本有关如何幽默地拒绝别人方面的口才书，并从中学了一些拒绝的方法。

有一次，刘燕独自在餐厅吃饭，有位帅哥前来搭讪："请问这个位置是空的吗？"

刘燕微笑着冲对方说："没错，如果你坐下来，我这个座位将会是空的。"听完这句话，那位帅哥便尴尬地走了。

还有一次，一个暗恋刘燕的同事在电话里邀请她一起去爬山。刘燕知道对方的想法，所以不想让对方有什么误会，便骗对方说自己头痛，想在家休息。

没想到这个同事还挺执着地说："来吧，我会让你这个周末过得非常愉快！"

刘燕故意说："你的意思是说，这个周末你肯定不会出现在我面前吗？"

那位同事听后，无奈地挂断了电话。

虽然这么说难免会让那些爱慕者们伤心，但刘燕这种幽默调侃式的拒绝已经把对他人的伤害降到了最低。试想一下，如果自己明明不喜欢对方，还假装热情地接受对方的邀请，那么到最后只会让双方都伤得更深。

　　所以，为了避免不必要的麻烦，每一个人都要学一点儿幽默拒绝的说话技巧，以备不时之需。如果真的能够做到这一点，拒绝的场面就会多一些善意，少一些尴尬。

借他人意，让拒绝更顺理成章

为了让拒绝更顺理成章，人们通常都会说一些真真假假的原因，比如"我没有时间""我再考虑考虑""我已经买过了"等。这些原因有一个共同点，即责任人的第一承担者都是"自己"。这种方法并非不能用，只是若遇到难缠的对象，则对方往往会揪着你不放，希望从你这里得到一个最终的答复。那么，有没有一种办法可以规避或者减少这种情况的发生呢？事实上，我们只要把思维变通一下，就可以找到一个不错的解决办法。

黄凯是某大学的总务处负责人，所有涉及后勤方面的事务，都由他全权管理。因为经常要做一些采购方面的决策，所以经常会有各种各样的推销员找他，希望学校能够用他们的产品。刚开始，他拒绝的时候总是会说"你介绍的产品我们现在库存不缺货"或者"我对你们产品的质量不放心"等。

不过，使用这种拒绝话术通常会出现这样一种情况：昨天才被自己拒绝的销售员第二天又来了。后来，他特意问一个销售员："我不是已经告诉你了，我们不需要你的产品，你怎么又来了？"

那位销售员理直气壮地说道："你都没用过，怎么知道我们的产品不好呢？要不你先采购一批试试，不好用的话，我保证以后再也不来打扰你了。"

黄凯寻思着：总是这样可不行。客户建议今天用这个试，明天用那个试，什么时候是个头啊！最后，他决定改变自己拒绝的策略。

没过几天，又有一个推销A4纸的销售员来敲黄凯办公室的门。黄凯按照惯例接待了这位销售员。不过，当销售员提出让学校试试他们厂家生产的A4纸时，黄凯很有礼貌地说道："实在是抱歉，我们学校刚刚和一家造纸厂签订了一份为期3年的供货合同。学校也规定，在合同有效期间不能再从别的销售商那里购买此类产品。如果我从你这里购买产品，则是违约的行为。"

黄凯的意思很明确，不是他本人不想买，而是学校有规定。这样一来，责任的承担方就是学校，而不是他本人。所以，销售员再怎么和他纠缠都不起作用。有时候，我们根本不需要绞尽脑汁地去想如何拒绝他人，只需要干净利索地把"不"说出来就行。当然，为了切断对方的后路，最好借用"别人的意思"。在上面这个案例中，所谓别人的意思，其实就是"学校的意思"。

当我们借用他人的身份来拒绝的时候，表面上看像是在推卸责任，但这种行为也很容易被对方理解：既然爱莫能助，那就不要再勉强了。学会了这一拒绝技巧，将会让我们在生活中减少很多烦恼。比如，一位家庭主妇在小区门口遇到推销化妆品的。虽然她心里想的是对其质量不放心，但依然可以这样拒绝："不好意思，我丈夫不让我在家门口买任何东西。"

虽然拒绝之语是出自家庭主妇之口，但销售员并不会感到不快。因为一方面，家庭主妇并非只是拒绝了自己，而是拒绝了所有在她家门口卖东西的人；另一方面，并不是这位主妇不想买，而是她的丈夫不让她买。

我们生活在一个庞大且复杂的关系群体中，各种制约因素也很多，但只要你愿意，就能找到一个绝佳的拒绝对方的理由。比如，如果你是某事业单位的领导人之一，有熟人找你办事，则你可以推托说单位采用集体表决制，单位领导需要就刚才提到的事进行讨论。为了进一步打消对方的念头，你可以"打个预防针"，说根据你的经验，类似的事情通过的概率较低，让他别抱太大的希望。这就属于推托之词，意思是能不能帮他办成事不是你说了算，要看大家的意思。如此一来，即便对方当时没死心，后来事情没办成，他也不会有太多怨言。

一般来说，巧用别人的意思来拒绝可以更容易地让对方理解和接受，也断绝了对方纠缠或者刁难你的可能。当然，你也可以利用这一策略，巧妙脱身。

正话反说，让对方于反思中放弃

正话反说又称"反语"，就是运用跟本意相反的词语来表达此意，含有否定、讽刺以及嘲弄的意思，是一种带有强烈感情色彩的修辞方法。事实上，把这种修辞用在拒绝他人方面，不仅可以达到委婉含蓄的目的，而且能够激起对方更大的反思。

曾经有一位不得志的电影导演，想知道大家对自己所拍电影的看法，便决定和观众做一次近距离的交流。当时，某个县城的露天广场的LED屏上正在播放他导演的一部电影，他也混在人群里观看。让这位导演尴尬的是，电影还没结束，观众就已经走了一半。此时，他看到旁边的一位观众正打算起身离开，便拉住对方说："你好，老乡，耽误你两分钟时间吧！我是刚才这部电影的导演，想了解一下你对我拍的这部影片的看法？"

老乡先是一惊，然后顺嘴说了一句："我觉得很不错啊，和老百姓的欣赏水准非常一致。"

导演问："那么为什么影片还没放完，大家就都走了呢？"

老乡说："因为影片的结尾大家早就料到了，导演简直是和观众心有灵犀啊！"

日常交谈中难免会出现像上面案例中不便直接回答的话题，此时借助正话反说，那把"词锋"隐遁或把"棱角"磨圆，既能表达自己的见解，又不至于让双方尴尬。上面这位老乡就是"正话反说"的高手，表面上句句都在夸奖导演，实际上是婉言贬低、拒绝观看。

西汉时期，曾经喂养过汉武帝的一个乳娘好管闲事，经常惹汉武帝不快。最后，汉武帝决定把她迁出宫外去住。

这位乳娘已经在皇宫生活了几十年，很不愿离开。就在她忐忑不安的时候，她突然想到了大臣东方朔。此人是汉武帝身边的红人，而且这位乳娘也听说他言词敏捷、滑稽多智，希望他能帮助自己在汉武帝面前说几句话。

乳娘把自己的想法告诉东方朔后，对方给她出了一个计谋："如果你真的想留在皇宫，就在皇帝派人将你带走的时候，不断地回头注视他，千万不要说什么话。你照这样去做，兴许还有一点儿希望。"

这一天到来时，乳娘按照东方朔的交代，满眼泪水，回头向汉武帝看了好几次。这时，只听见东方朔故意大声说道："乳娘，你赶紧走吧！皇上现在已经用不着你喂奶了，你还犹豫什么呢？"

一听东方朔这几句话，汉武帝想到自己是吃她的乳汁长大的，而今她又没犯什么大错，自己却要将其驱逐出宫外，便十分伤感。结果，乳娘还没走远，汉武帝就已经收回了成命。

在这个故事里，东方朔就非常巧妙地利用了反语。表面上看是让乳娘赶紧走，实际上是想激起汉武帝的怜悯之心。另外，当说出"皇上现在已经用不着你再喂奶了"这句话的时候，东方朔正是借此向汉武帝暗示，他是吃着乳娘的乳汁长大的，现在仅仅因为老人的一些小毛病就要把她赶出去，岂不成了忘恩负义之徒？这样，东方朔通过正话反说，成功地规劝了汉武帝。

正话反说在现实生活中不宜多用，只要能让对方明白你的意思就可以了。在采用反语拒绝时，措辞最好幽默风趣，这样既不至于让气氛过于紧张，又不会让别人为此而生气。如果你态度生硬粗暴，则只会引起对方的愤怒。总之，拒绝别人时，正话反说可以迂回地表达自己的观点，让听者在比较舒坦的氛围中欣然接受信息，这比直言陈说能更为有效地达到拒绝的目的。

巧用善意谎言，让拒绝更婉转悦耳

麻省大学的心理学家罗伯特·费得蒙经过研究发现，60%的人在10分钟的交谈中撒谎2～3次。他还发现撒谎高手通常人缘都比较好。这个研究结果似乎违背社会道德常识，但却不难在生活中得到印证。美国前总统克林顿在电视上向全国人民公开撒谎，但他的人缘却无人可及。在西方社会，政治人物撒谎成性是人尽皆知的事，但却没有一个政治人物公开承认自己是个撒谎者。

与经常撒谎的人相比，那些从来不撒谎的人会发现自己经常得罪人，而且做事总是四处碰壁。即便是那些把实话说得很委婉的人，也无法完全摆脱这样的困境。那么，结合以上观点，我们是否应该得出这样的结论：为了更好地在社会上生存，我们可以适度而善意地撒点儿谎？

事实上，如果一个人的谎言纯粹只是为了让自己在意的人过得更好，他的撒谎行为就是可以接受的。当然，这并不意味着在涉及谎言方面，不能有一点儿私心。这既不现实，也不客观。比如在拒绝他人的时候，为了避免不必要的误会，或者减少自己的麻烦，适度的、善意的谎言还是可以的。

对于别人的请求，你可能出于各种原因不能马上拒绝别人。此时，你不妨先答应下来，然后再用反悔给对方一个交代。因为你当面一口拒绝的话，对方极有可能会认为你压根就没打算帮助他。他可能会因为你的"冷酷"而疏远你，你们的关系难免会受到影响。因此，最好的做法是给对方一种你已尽职尽力地为他服务了的感觉。比如，有个老乡让你帮忙给他找个工作，你不妨取出笔和本，认真地记下他的毕业院校、所学专业、本人志趣和特长等。这样浪费不了你多长时间，别人看起来心里也舒坦。临走时，你不妨再坦率地补充几句："你的事我一定放在心上，明天我就托人帮你问问，过几天再给你答复，怎么样？"

几天后，你最好抢在对方给你打电话之前，把你为他介绍工作的情况向对方简单说明一下，比如，"这几天我托了几位老同学问了一下，有两家单位还是有这方面意愿的，你再稍微等等"。

再过两三天，你再主动联系他，说："真对不起，你工作的事我已经尽力帮你问了，但是很不巧，现在很多单位都是满员的。真是不好意思，估计是帮不到你了。"你这样一说，即便你没有帮到他，他也会对你心存感激的。

当然，在用善意谎言的时候，有两点需要特别注意。首先，你不能赤裸裸地骗对方，比如明明什么事都没做，还把自己的辛苦描绘得栩栩如生。其次，你的谎言不能给对方造成经济上或者精神上的损失。比如，对方已经到了揭不开锅的地步，想赶紧找个工作维持生计，结果你答应帮助对方，却整天晃晃悠悠好像没事人一般。这种做法就是非常不应该的了。

善意的谎言作为应急之法、权宜之计可以偶尔为之，但不适合常用。

毕竟天下没有不透风的墙，你的谎言终有一天会被他人发现。而且你说的
谎言越多，被发现的概率就越大。如果没有发现还好，一旦被对方发现你
欺骗了他，哪怕是善意的谎言，对方对你的信任度也会大幅下降。以后你
再想让对方相信你，就难上加难了。

不说"不"也能拒绝，7招让对方主动放弃

在拒绝别人的时候，表面上看主动权在自己这一边，毕竟只要你的态度够坚定，拒绝就一定会成功。但是，遇到的人不一样，面对的事不一样，拒绝的过程中遇到的问题也会不一样。这就要求当事人在拒绝的时候，要结合具体情况灵活应对。同为拒绝，依然有境界高下之分。让对方无奈地放弃，乃拒绝之下策；让对方主动放弃，乃拒绝之上策。因此，我们要应变有方，让对方主动放弃。

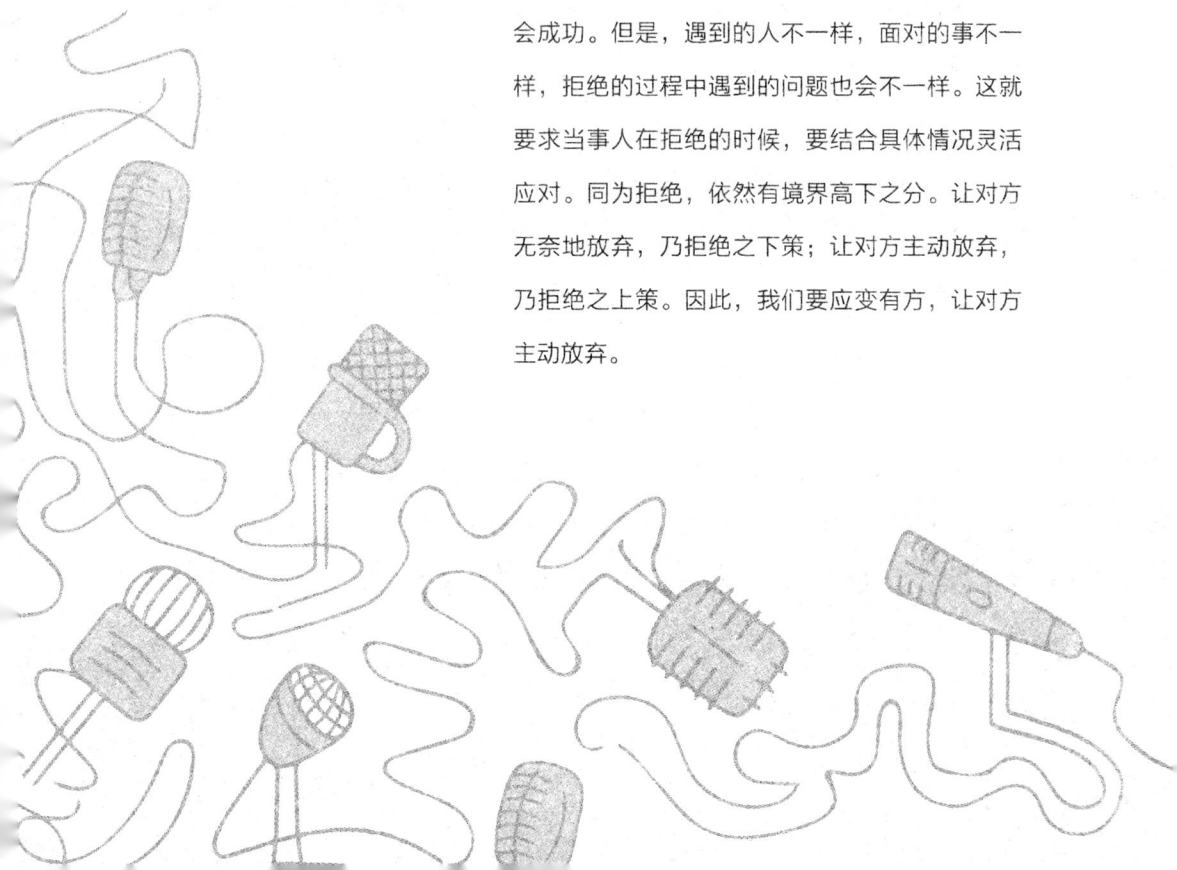

先发制人，堵住对方的嘴

2015年，在索契举行的瓦尔代俱乐部年会上，俄罗斯总统普京在谈及叙利亚问题和打击恐怖主义时，分享了小时候他在列宁格勒（现圣彼得堡）得到的经验："50年前，列宁格勒的街头教给我一件事——如果打架无法避免，你就必须先动手。"同样的道理，如果你已经提前获悉他人将会说些对你不利的话，或者让你做一些你不想做的事，则不妨抢先开口，堵住对方的嘴，从而达到拒绝的目的。或许，我们也可以把这种方法做出这样的归纳：如果拒绝无法避免，那就先开口。

话说曹操当年准备攻打吴国，迫于吴国主将周瑜足智多谋，而且精通兵法，便一直不敢妄动。后来，曹操获悉蒋干与周瑜曾经是同窗好友，便派遣他到吴国试图说服周瑜为自己效力。不过，当蒋干风尘仆仆地赶到江东的时候，周瑜已经对蒋干的心思了然于胸。为了挫败蒋干的企图，周瑜打算先发制人。

念于曾经的同窗之谊，周瑜以礼设宴款待蒋干。席间，周瑜突然转身对蒋干说："你大老远地来到这里，是为了给曹操当说客的吧？"蒋干没料到周瑜会有此一问，先是愣了一下，随后说道："老友相聚，怎么可以说出这样的话呢？"于是，周瑜便对在座的众将领说："蒋干是我少时同窗好友，此番前来只为叙旧，没有其他目的，所以大家也都不要怀疑了。"说完后，待蒋干解下自己身上的佩剑，交给坐在旁边的太史慈，周瑜又说道："今日宴席，只为叙旧，有胆敢提到曹操与东吴之事者，立刻斩下他的首级。"

听周瑜这样一说，蒋干也大吃一惊，整个宴席期间，都不敢开口提劝降之事。三天后，周瑜邀请蒋干参观军营，并对蒋干说："大丈夫处世立身，一旦遇到明主，对外虽然是君臣关系，但内里却结下骨肉般的感情，言听计从，祸福与共。这样的关系，恐怕不是别人的言辞所能离间的。即使苏秦、张仪复出，亦难奏效，何况是你？"

蒋干笑了笑，但始终没有说话。回去后，蒋干向曹操称赞周瑜雅量之高不是言辞所能形容，而曹操后来也放弃了招降的念头。

我们仔细分析这个故事会发现，周瑜在实施先发制人策略的时候，有如下几个特点。

（1）封。在蒋干尚未说明来意之前，周瑜抢先一步点破了他的企图。这样一来，就相当于封住了对方的嘴，让其不便于开口。

（2）压。在宴席上，他解下佩剑交给太史慈并让其监酒，甚至说出"有胆敢提到曹操与东吴之事者，立刻斩下他的首级"的话来。这样一来，就相当于把蒋干说服的企图彻底压下去了。事实上，蒋干后来也一直没有提及此事。

（3）围。在参观完军营之后，蒋干又对周瑜说道："大丈夫处世立身，一旦遇到明主，对外虽然是君臣关系，但内里却结下骨肉般的感情，言听计从，祸福与共。"这句话，既表明了自己的志向，又是对蒋干劝说之意的一种反驳。如果蒋干不识时务，硬要劝降周瑜，岂不是当小人了吗？

（4）释。最后，周瑜顺口说出即便张仪、苏秦等名辩士在世，也无法说服自己更改志向。这既是一种暗示，又是对蒋干作为自己同窗好友的一种解释。

在运用先发制人的拒绝策略时，有一个前提，就是你对对方的企图确实已经非常清楚了。要不然，如果对方本来没有那个意思，而你却先发制人地堵对方的嘴，就会给人"以小人之心度君子之腹"的感觉。所以说，运用这一策略之前，首先要了解清楚对方的企图。

采用无限拖延术，磨掉对方的耐心

美国CBS出品的犯罪剧情电视剧《犯罪心理》中有这样一句颇耐人寻味的台词："拖延是最彻底的拒绝。"事实上，这句话不管是在工作中还是在日常生活中，都被无数次验证过。你找人帮个小忙，对方说最近没空，等过两天再说，结果过了两年也没有音讯；你随口应承了一个邀约，但因为彼此关系一般，所以两天后你就把这事抛到了九霄云外。总之，不管是他人拒绝我们，还是我们拒绝他人，拖延都是最好用且最常用的技巧。

方勇是一所大学的哲学系教授。一次在课堂上，有个学生提了一个和他课堂所讲内容无关的问题。他并没有阻挠这个学生，而是就学生提的问题做了解答。事实上，这个学生是有意刁难老师的，所以专门挑了一个方勇很陌生的问题进行提问。不料，当解说到一半的时候，学生就从方勇的回答里找出了破绽，并在课堂上和他争论起来。最后，学生很无礼，老师也差点儿失态，以至于整个课堂的气氛都无比尴尬。

事实上，课堂上类似的争论完全可以避免。首先，学生问了一个和课堂内容无关的问题，老师完全可以不用回答。其次，即便不当面拒绝，也可以说诸如"你这样的问题我们下课后单独谈"的话。但教授方勇没有这样做，而是直接回答了对方的提问。他或许觉得三言两语就说完了，但没想到学生会对他的讲解提出异议，结果越闹越大。这种情况如果发生在私下还好一点儿，但发生在诸如课堂这样的公共场合，影响极不好。所以说，对于有些难以回答或者当时不方便回答的问题，最好采取拖延战术，比如说："关于你的问题我们日后再做讨论，今天还是专注于本堂课的话题。"

至于"日后"是何时，没有人关心。重要的是，这种拒绝的方法比直接拒绝更有礼貌，也不会让任何人难堪。当然，有时候，提问者会认为你不敢回答或者不知道该如何回答，你不要为此而发脾气。此时，你只要说"你提的问题不是那么容易回答的，我们日后再谈"就可以。这样说，就相当于很委婉地把对方的刁难给屏蔽了。因为"你的问题不容易回答"包含着两层含义：第一，"这个问题对我来说确实很难，我需要再研究一下"；第二，"我知道答案，只是说起来比较复杂，不是一时半会儿能解释清楚的"。这样，你就能把对方的异议给消除了，对方也不知道你究竟指的是哪一层含义。

虽然拖延是一种策略，但并非所有问题都适合无限期拖延下去。针对有些人、有些事，你必须给出一个明确的答复。事实上，这一点很重要，因为如果你总是习惯性地用拖延的方式拒绝他人，对方就会觉得你这个人很不靠谱。另外，如果对方的请求很急，而你又不确定是否能帮上忙，那么最好不要拖延太久。因为如果你帮不上忙，对方还可以再找别人。如果对方因为你的拖延而耽误了解决问题，最后对谁都不好。所以说，采用拖延策略之后，有时候也要给对方一个回话。当然，回话并不是说答应对方，而是结合实际情况，该怎么说就怎么说。即便你这次是直接拒绝了，但对对方而言也不算是"一口回绝"，因为在这段时间内你思考过对方拜托的事。所以，下次遇到你明明知道无能为力，但又不好意思直接拒绝的请求时，你不妨说："好，这件事让我思考一下，明天给你答复。"这样，你既没有拖延太长时间，又可以让对方觉得你对他的请求很重视。

贬低自己，让对方知难而退

所谓贬低自己，就是告诉对方自己在某一方面一点儿也不擅长，所以无法做或者不能做某事。比如，朋友邀请你去唱KTV，但你觉得那样的活动既没有意义，又浪费时间，还不如在家里看电视。当然，你肯定不会把自己的真实想法告知对方。此时，你可以说："我的嗓音你也知道，唱歌五音不全，到时候真把你们吓着了可怎么办？我觉得与其到时候让你们把我轰出来，还不如干脆就不去。"这种说法很多人都试过。一般情况下，朋友都不会再坚持。这样，你通过自贬达到了婉拒的目的。

其实，自贬的现象在生活中很常见，心理学家通过一项调查发现，12%的上班族曾经以自贬的方式对上司装过傻，14%的人以自贬的方式对同事装过傻。通常情况下，上班族会在以下几种场合用到自贬的方式。

1. 拒绝别人的请求

如果同事找你来帮忙，而你因为各方面的原因无法帮助，此时，如果直接拒绝对方就会伤了彼此的和气。考虑到以后还要和同事长期相处，此时，你不妨说："我真的很想帮你，但我自己实在是没有这个能力啊！"这么说有两个好处：一方面，你表明了自己的态度，即你想帮他；另一方面，你也道明了原因，即你的能力不足。既然你拒绝的原因不在自己可以控制的范围之内，那么对方也就不好再说什么了。

2. 遇到不想做的事

有时候，人们会遇到一些诸如打杂或者加班之类的不想做的工作。或者对有些平时不喜欢运动的女同事来说，参加公司组织的运动会简直就是对身心的一种折磨。此时，你可以说"这个我没做过""我最不擅长的就是运动"之类的话来婉拒。

3. 遇到不擅长的事

我们经常说"职位越高，责任也就越大"，其实对他人的期望值而言，道理亦如此。试想一下，两个人做同样的事，如果别人对你的期望值高，自然就会感觉你做得更好。此时，你的压力就会增大，责任自然也会越大。到时候假如结果不尽如人意，对方定会认为你没有尽力。所以说，遇到一些有难度的任务，你可以通过降低他人期望值的方式来避免一些不必要的麻烦。此时，你可以说："其实我不是很擅长这个，到时候给你搞砸了，你可别怪我哟！"听你这样一说，对方自然就不会对结果太在意了。

当我们利用"无能"来进行自贬的时候，一定要对"无能"的内容有所把握，因为不是随便哪个"无能"都可以让对方信服的。比如，别人请你算个账，你说："我最怕算账了，一看到数字我就头痛。"这样的自贬合理吗？其实，这个要看情况的。如果你平时很少接触算账方面的事务，这样的"无能"就很正常。相反，如果你在银行工作，每天都要接触数字，你这样的"无能"就很突兀，别人自然也不会相信。

除了自贬的内容要符合自己的身份、背景之外，自贬的使用频率也不可太频繁。也就是说，把自贬作为一种拒绝的方式必须要把握好度。如果你为了省事，对这个人说自己不行，对那个人也说自己不行，对这样的事说自己不行，对那样的事也说自己不行，久而久之，别人会真的认为你就是一个无能的人。最重要的是，当你的"无能"成为一种习惯时，"无能"也就成了你的潜意识，到时候，你就真的成了无能的人了。

此外，为了避免给他人留下不可靠的印象，在自贬的时候，也要具体情况具体分析。对于与自己专业、工作相关的问题，不要轻易去说自己不会、不懂。另外，在拒绝的时候，最好用那些对自己不重要的部分来贬低自己。比如，别人请你帮忙设计一个PPT的方案，你可以说："PPT的操作我很熟悉，不过具体的文案策划，我不是很擅长。"如此一来，就可以减少他人的揣测，同时也可以避免给他人留下你"不可靠""无能"的负面印象了。

给出替代方案，轻松拒绝对方的问题

李玲和陈红是大学同学，参加工作后在同一座城市工作，私交甚好。陈红有一个3岁的女儿，非常机灵，李玲每次去陈红家，总喜欢逗她玩。

又是一个周末，李玲到陈红家做客。当陈红在厨房准备午餐的时候，李玲就和那个小姑娘在客厅里玩耍。没一会儿，小家伙就跑到厨房，出来的时候一只手里拿着草莓，另一只手里握着饼干。

李玲见机想挑逗她一番，便问道："阿姨也饿了，你愿意把草莓给阿姨吃呢，还是把饼干给阿姨吃？"

让李玲没想到的是，这个小姑娘既没有说要给她草莓，也没有说要给她饼干，而是建议道："阿姨，你赶紧去，我妈那里还有！"

说句心里话，对于类似的问题，没有比这个小姑娘的回答更绝的答案了。她并没有拒绝李玲，而是给对方找了一个更好的替代方案。如此一来，对方也就没什么话可说了。事实上，这种给对方寻找替代方案的拒绝方式，既不会伤和气，又不会让彼此丢掉面子，可谓一举两得。

在工作中，这种给他人寻找替代方案的例子有很多，比如说："我对英语不太熟悉，要不你找小芳吧，她大学学的是这个专业。"当你搬出一个比你能力更强的人来作为自己拒绝的借口时，对方一般不会埋怨，毕竟你说的情况属实。而且，如果替代的人确实比你做得更好，那么你的建议也是对对方负责。

不过，这种寻找替代方案的拒绝方式有一个弊端。如果找你帮忙的那个人告诉对方说"是××让我来找你的，他觉得你帮我会更好！"此时，被你"转嫁"的那个人可能会对你心生怨恨。或许他的能力确实很强，比你能干，但人家毕竟也有自己的工作要做，并且对方有没有时间帮忙还不得而知。你并没有征得对方的同意，也不清楚对方的实际情况，就鲁莽地把拒绝对象介绍给对方，对方到底是帮还是不帮。尤其是当你推辞掉的那份工作是大家都不愿意做的苦差事的时候，对方可能会更怨恨你，甚至会觉得你是故意这样做的。那么，如何规避这样的风险呢？其实并不难，只要你介绍的那个人是大家公认的"在某一领域比较擅长"即可。如果没有这样的人，那么这种替代方案还是尽量少提。

除了因为能力上无法胜任之外，人们一般也会因为时间上的紧迫而无法帮助别人。此时，可以把时间作为替代方案的关键要素向对方抛出。

党圆圆是一家互联网公司的文案编辑，平时要写的文章和方案非常多，经常在晚上加班，甚至忙到深夜。即便如此，对于上司或者同事交给她的工作，她都来者不拒。或许是工作习惯，也可能和她内敛的性格有关，她从来没想过找别人帮忙。

一个周五的晚上，老板在晚上10点钟去公司取一个文件的时候，发现党圆圆还在加班，很是诧异。为此，他特意询问了一下党圆圆都在处理哪些工作。临走的时候，老板给党圆圆提了一个建议，比如涉及PPT的工作，如果自己忙不过来，就可以让行政部门的小章代理。

刚开始，党圆圆还有点儿纳闷：行政部门的同事也会做PPT？结果试了一次后，党圆圆发现，对方做的PPT果然非常专业，甚至很有创意。事后，她从同事那里了解到，原来小章以前专门学过办公软件的操作，PPT的设计更是不在话下。

后来，如果有同事把一些要做成PPT的方案交给她，她就会说："我这里还有很多工作，估计今天没时间处理这个了，要不你找一下行政部门的小章吧，她那边空闲时间多一点儿。"起初，党圆圆还担心这样会不会耽误了小章的工作，让她意外的是，对方非但没有责备她，而且还感谢她为自己提供了练手的机会。

面对他人的请求，不管是能力不够，还是时间不足，为对方寻找一个替代方案都是非常值得借鉴的方法。有时候，一个小小的提议就可以为自己解决大大的麻烦。

转移话题，分散对方的注意力

当洪水到来时，人们一般会采取两种办法来避免或者减少它的灾害：一种是堵，一种是引。所谓堵，就是在洪水必经之地加固大坝，让它无法通过；所谓引，就是引流，比如在河堤的侧边挖开一个出口，让洪水流走一部分，从而减小它的威力。

如果把人们防洪的经验用到拒绝的说话技巧方面，你会发现两者的相似之处颇多。他人强加在我们身上的意志就像是洪水一样，为了不屈服于他人的意志，我们也可以采用两种策略进行回击。当面拒绝，就像在洪水必经之地加固大坝一样，可视为"堵"；转移话题，就像是在河堤的侧面挖出口子一样，可视为"引"。有时候，如果"堵"不起作用或者已经来不及了，那么借用话题把对方的注意力引到不相干的地方，也是非常不错的选择。

宋敏和董涛都是参加工作时间不长的"90后"，而且两个人都是单身，工位离得又不远，总是抬头不见低头见。"日久生情"这个词用在董涛身上可以说是再恰当不过了。虽然宋敏已经从董涛身上感受到了一丝爱意，但她始终和董涛保持适度的距离，因为她不是很喜欢董涛太过柔弱的性格。

有一天中午，当宋敏吃过饭准备进办公室的时候，她突然听到董涛在和一位同事聊天。

同事："既然你喜欢对方，就直接表白嘛，现在都什么年代了，哪有像你这样优柔寡断的。"

董涛："不过我还不确定她是否喜欢我，如果对方拒绝，以后恐怕连同事都不好当了，更别提做朋友了。"

同事："做什么事都是有风险的，如果没有舍，哪里会有得呢。你姑且试着表白一下，万一对方也喜欢你，只是碍于面子不好意思表达呢？你总不能让人家姑娘倒过来追你吧！"

董涛："好，那我就在下班后借机会试一下。"

听到这里，宋敏已经意识到了他们说的那个姑娘就是自己。下班后，董涛找了个机会要和宋敏一起下班。宋敏一时也没想出好的借口，而且也不想因为过激的反应让董涛误以为自己已经知道了他要表白，便没有拒绝，并打算在对方即将表白的时候再随机应变。

果然，刚出公司没多久，董涛左右看了一下发现没有熟悉的同事，便转身以一种较为激动的情绪对宋敏说："宋敏，我想问你是不是喜欢……"

董涛"喜欢"俩字刚一出口，宋敏紧接着就说："没错，你借给我的那本《追风筝的人》我的确很喜欢。哦，对了，我已经看完了，改天就还给你。"

董涛以为宋敏理解错自己的意思了，接着又说："哦，喜欢就好。其实，我刚才想说，你有没有看出来我们……"

结果，宋敏再一次打断了董涛的话，微笑着说道："哦，我知道你想说什么了。你是想说我们都很有文艺范儿，对吧？其实与你相比，我还差一大截呢！"

当董涛还想再说什么的时候，他已经预感到了某些不妙的东西，便把话锋一转，说道："其实我也不算什么文艺范儿，只是偶尔看个小说，写点儿东西罢了。"

随后，俩人就《追风筝的人》这本书各自聊了一些自己的感悟，之后就再也没有说其他让对方为难的话了。而且后来每当公司有人撮合他俩的时候，董涛往往是第一个站出来反对的。

转移话题可以很好地起到分散对方注意力的作用。即便有些人比较顽固，被你打断之后，还继续坚持，那也没关系，转移一次话题不行，可以转移两次，两次不行还有三次、四次……

事实上，很多人的注意力被分散两次以后，就会跟着引导方的思路走了。一旦初始的话题与最后的话题之间的距离被拉开，对方再想回到原来的话题就已经不现实了。既然话题都已经转移了，那么拒绝的目的也就在不知不觉间实现了。

当然，转移话题并非随随便便想怎么转就怎么转，它也需要遵循一定的规律和技巧。下面就是人们在用转移话题的方式来表达拒绝的时候需要注意的问题。

1. 摸准心理

所谓摸准心理，顾名思义，就是在用这种方式之前，先摸准对方的心理。有时候，对方并非想要说服你或者说些让你为难的话，如果你故意岔开话题就会显得很没礼貌，也会让对方觉得莫名其妙。只有你把对方的心思琢磨到位了，并在对方说出口之前巧妙地转移话题，你们两人才能心领神会，即使彼此不说透也可以心知肚明。

2. 顺题立意

所谓转移话题，并不是说以一种无厘头的方式进行。比如对方正在说"星星"呢，你突然跳转说"月亮"怎么样。这非但达不到转移话题的目的，还会让对方埋怨你没有认真地听他讲话。这就是说，为了不让对方质疑你的话题，你最好先顺着对方的意思讲，然后再巧妙地过渡。比如，先对对方的观点表示认可，然后再用"但是"等转折词进行过渡。当然，转过来之后，你的话题不能很空洞，至少要有一定的观点或者新意，这样不但更容易吸引对方，也可以避免对方产生反感或者误解。

3. 注意措辞

措辞在人们的交谈中往往起着至关重要的作用。有时候，即便是求人的话，如果措辞得体也会事半功倍；相反，即便是夸人的话，如果措辞不当也会让气氛顿时陷入尴尬。同样，在拒绝他人的时候，如果措辞得体，则即使直接拒绝也不会伤害到对方；相反，如果措辞不当，就算你再怎么转移话题，也只会收效甚微。鉴于此，在用转移话题的方式拒绝他人的时候，最好选择中性感情色彩的措辞，也就是说，既不要对他人的言论发表评论，又不要对他人的情感做出有关是非的表达。

4. 真诚和善

人与人交往，贵在真诚和善。当你用转移话题的方式达到了分散对方注意力的目的时候，你也不要自以为是。表面上看是你压制住了对方，但你也要知道，这里面包含着对方的成全。

利用反问，把球踢给对方

反问是口语表达中比较常见的说话方式。比如，对方问了一个你不想回答的问题，你可以反问："你为什么想知道呢？"通常情况下，面对这种反问，问问题的人都不容易一下子回答上来。即便对方说出来一个还算可靠的原因，你也可以针对他说的原因大做文章。其实，"你为什么想知道"只是反问表达方式里比较常见的一种，要想做到反客为主，将对方的军，还需要在所问问题的内容和技巧方面下功夫。特别是在遇到一些恶意的刁难时，一个好的反问往往能够获得出其不意的拒绝效果。

甘罗的祖父是秦国名将，有一天，甘罗看见祖父在后厅里来回踱步，不停地唉声叹气。

"祖父，您碰到什么难事了吗？"甘罗问。

"唉，大王听了小人的挑唆，硬要吃公鸡下的蛋，命令满朝文武设法去找，要是三天内找不到，大家都要受罚。"

"大王也太不讲理了。"甘罗气呼呼地说。他眼睛眨了眨，便想出了个注意，说："祖父您别急，我有个好办法，明天我替您上朝好了！"

第二天早上，甘罗果真代替祖父来上朝。只见他不慌不忙地走进宫殿，向大王施礼。

大王很不高兴地说："娃娃到这里捣什么乱！你祖父在哪里？"

甘罗说："大王，我祖父今天估计来不了了。他正在家生孩子，托我替他来上朝。"

秦王听了后哈哈大笑，说："你这个孩子，怎么可以胡言乱语呢！男人怎么会生孩子呢？"

甘罗说："既然大王知道男人不可以生孩子，为什么就不知道公鸡不能下蛋呢？"

甘罗的聪明之处是，他没有当面反驳秦王的无理要求，而是设好圈套让秦王往里面钻。试想一下，如果甘罗直白地反问"公鸡怎么会下蛋呢"，秦王会有什么样的反应？他肯定会觉得甘罗放肆，甚至会治他的罪。那么该怎么办呢？最好的方法就是让秦王自己意识到他所提的要求是荒谬的。为了达到这一目的，他非常巧妙地想到了和公鸡下蛋相似的逻辑，那就是男人生孩子。只要到时候秦王自己得出男人生孩子的荒谬性，自己再把公鸡下蛋的事情抛出来就容易得多。最后，秦王果然中计，甘罗也顺势抛出自己早已准备好的问题反击对方。结果，甘罗替祖父达成了拒绝秦王的目的。

有一次，萧伯纳的脊椎骨出了点问题，需要从脚上取一块骨头来补脊椎的缺损。手术完成后，医生为了捞点儿好处，便说道："萧伯纳先生，这可是我们第一次做这样的手术啊！"

萧伯纳自然听出了医生的言外之意，但他又不想助长医院的这种不良风气，所以不打算给对方任何额外的好处。不过，由于医生才刚刚为自己做完手术，因此，他也不好当面拒绝，便顺着医生刚才的话问道："太棒了，那么你们打算付我多少试验费呢？"

医生顿时被萧伯纳的回答给怔住了，自然也就不好意思再提什么好处费之类的事情。

萧伯纳的聪明之处是他非常巧妙地利用了医生言语方面的漏洞，而且根据对方的话引出了一个非常合乎逻辑的问题。这其实就相当于给对方踢了一个"回传球"，此时看对方该怎么出球。

与甘罗的机智反问相比，萧伯纳的反问里面多了一丝幽默，而且是合乎情理的幽默。其实，人与人交流的时候，思维、言辞方面难免会有漏洞，为了拒绝对方的不合理请求，可以从这些漏洞上下功夫。当然，最好不要直接指出这些漏洞，否则，拒绝力就会下降。最好找一个与其相似的场景，或者换一种思维，从而把握提问的主动权，把球踢回给对方。只要能做到这一点，成功拒绝别人就是水到渠成的事。

故意错答，给交流设置障碍

所谓错答，就是指既不正面回复，也不侧面反击，而是故意岔开对方的问题，做出牛头不对马嘴的回答。用错答来拒绝陌生人是一种非常机警的表达技巧，不管是在相对隆重的社交场合，还是在熙熙攘攘的街头巷尾，这种方法都很实用。有时候，即便对方知道你是故意的，但只要你把这出戏坚持演下去，对方就会不了了之。

卢媛是个穿衣打扮都很时尚的平面模特，人也长得漂亮，不管走到哪里，总有男孩上前搭讪。刚开始，卢媛还主动和他们闲聊几句，但后来发现有些人的素质很差，便对这些主动上前搭讪的"闲人"一概拒绝。不过，她也不能直接板着脸让对方"滚"，所以必须想个办法。后来，她把自己的这一苦恼告诉了自己的一个闺密，对方就给她支了一招。

一天下午，卢媛坐在酒吧里等一个朋友，因为堵车，所以朋友要晚到将近40分钟。因为已经点了饮料，所以卢媛也就不想再去别的地方，索性一个人坐在一个角落里玩手机。就在她拿着手机浏览微博的时候，旁边一位染着五颜六色头发的男子来到她对面，殷勤地问道："请问这里有人坐吗？"

"什么，去酒店？"卢媛大声嚷道。

"不是的，小姐，我只是问这个位置有人坐吗？"对方没想到卢媛会这么说，有点儿慌张。

"什么，你在找小姐？"卢媛情绪激动地尖叫着说。

刚才还趾高气扬的那位男子顿时被卢媛的回答给弄昏了头，于是狼狈不堪地逃走了。往外走的时候，那位男子甚至不敢抬起自己的头，因为周围有很多顾客都在用非常不友善的眼神看着他。

这种故意错答的对话方式是拒绝时常用的手段。但用的时候也需要注意以下三点。

（1）注意对象和场合。

（2）最好利用问话中的含混意思，模糊应答，让对方也无法责怪。

（3）让对方意识到你的潜台词是不欢迎他。

其实与故意错答相似的还有一种方法，就是用外语搪塞。比如，对方用汉语向你打招呼，你可以用英语或者其他语言进行回复。除非你用的语言对方也会，否则，当对方听不懂你在讲什么的时候，他会知趣地离开。当然，有时候为了表现出自己是"外国人"，听不懂对方的话，你也可以故意把汉语说得磕磕绊绊，并隐隐约约地告知对方自己是韩国人或日本人。这样，对方也会因为考虑到语言交流方面的障碍而主动放弃。

林灿有一次被公司派到一个小县城出差，结果刚出火车站，周围就围上来几个拉私活的司机，还有三位大姐忙着介绍附近的宾馆。其实，该去什么地方，怎么去，林灿早就在手机地图上查好了，根本不需要这些"热情"的服务，所以她一直没开口说话，想着走过去就算了。结果，刚才那几个人还是非常执着地跟着她。

没办法，林灿决定拿出自己曾经在别的地方使用过的绝招：秀日语。因为在大学学的是日语专业，所以林灿说起日语来跟真正的日本人没什么差别。更何况在这种小县城里，随便一说，也能唬住他们。她对着一位师傅说了一通日语，表现出像是在问路的样子，结果周围的人面面相觑，不知道该如何回复。而林灿也听到了旁边一位大姐说："这姑娘好像说的是日语，算了，话都听不懂，还怎么做生意。"说完就转身离开了。其他几位也差不多抱着同样的心态转向别的旅客了。而那位被问的师傅也用蹩脚的英语说了句"Sorry"之后，便摇着头离开了。

就这样，林灿顺利地摆脱了这群做生意的人。

错答也好，故意在语言上使诈也好，重点是阻断对方和你正常交流的可能。只要给双方的交流设置了障碍，就相当于成功地拒绝了对方。

PART11

对象不同，拒绝的方式也应有
所不同

就像我们无法用一套说辞说服别人一样，我们也不能用一种方法拒绝所有的人。说服他人，只需要达成目的就能成功，但拒绝他人，除了要达成既定的目的之外，还要考虑双方后续的关系。所以，当我们拒绝他人时，我们应结合具体情况，根据各种不同沟通对象的特点选择不同的沟通方式、沟通内容等。只有这样，拒绝才会得体、合理，关系才不会遭到破坏。

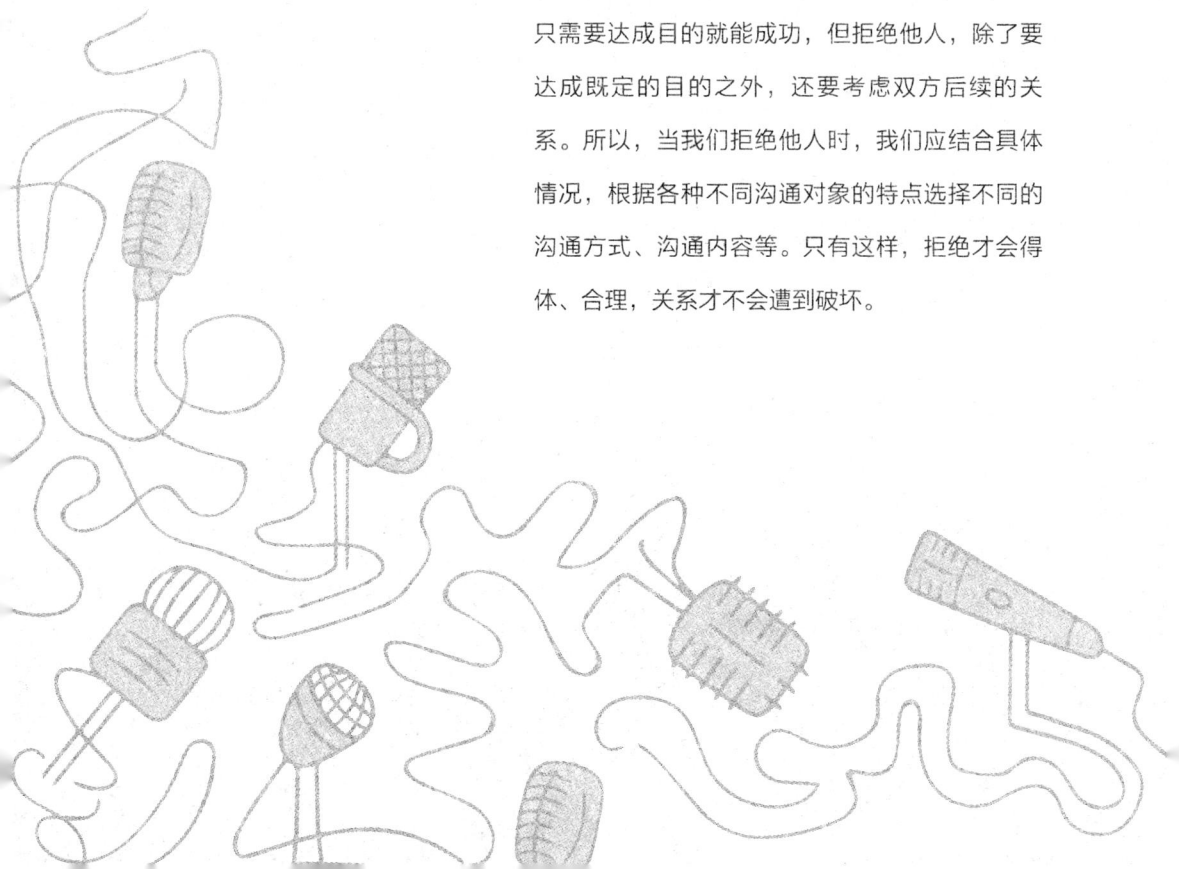

拒绝领导：6个策略要牢记

当我们把拒绝的对象设置为领导时，很多人就会发慌，或者产生这样的疑问：领导也可以拒绝吗？其实，领导只是所处的位置、经验以及日常工作与普通员工不同而已，简言之，领导偶尔也会出错或者失策。如果领导出错了，下属不指出来，那就是失职。领导或许不会指责你的顺从，但从长远来看，他也不需要这样的下属。

当然，考虑到领导的性格、脾气等个人因素，以及你在职场的发展等，这些都有可能成为你拒绝他的障碍。此时，掌握一定的说话技巧、处事策略就显得很有必要。

那么，究竟该如何拒绝领导，才能把风险降到最低呢？具体可以从以下6个策略来进行。

1. 措辞得体，理由充分

我们都知道，同一个意思，倘若用不同的话语表达出来，就会产生不同的效果。比如同样是拒绝，如果说"这个事有点儿难"就要比"我办不到"更有人情味，也更容易让对方接受。人们平时与领导打交道，都会非常谨慎，生怕自己说错话。拒绝领导，很能考验一个人的情商。具体该说什么话，要视具体情况而定，但是表达方式一定要符合自己的身份、性格等。

另外，拒绝领导必须要有拒绝的理由，如果理由不充分，就最好别开口。因为一旦被领导反驳，下次再想提出这样的问题就会难上加难。当然，为了让你的拒绝一次就奏效，你还必须把各方面的因素充分考虑到位。总而言之，你的理由越充分，成功拒绝的概率就会越大。

2. 曲线救国，不要直接拒绝

所谓曲线救国，就是当领导犯了错之后，你不当面指出，而是通过一些故事或者行为让领导自己醒悟。在这一方面，春秋时期齐国相国晏子的拒绝话术堪称所有员工的学习典范。

据说齐景公很喜欢各种各样的鸟。有一次，有人送了他一只漂亮的鸟，他就派一个人专门负责养这只鸟。谁知没养几天，这个人不小心让鸟飞走了。为此，齐景公非常生气，命令晏子杀掉那个养鸟的人。晏子觉得作为一国之君，为了一只鸟而杀一个人非常不妥，因此，他自然不同意齐景公的做法。但他没有直接拒绝齐景公，而是站在一旁说："我觉得在杀掉这个人之前应该把他的罪状一一罗列出来，这样也会让他死得明白。"齐景公同意了。

晏子命人把那个养鸟的人捆绑到齐景公的殿下，板着脸说道："你犯了死罪，罪状一共有三条：大王让你养鸟，结果因为你的粗心，鸟飞走了，这是第一条；大王本来可以不杀人的，但是现在却因为一只鸟而杀人，这是第二条；这件事情如果传到其他国家，那些国君们会认为我们大王只看重鸟而轻视老百姓的性命，就会看不起我们，这是第三条。所以你现在必须死。"说完后，晏子转身对齐景公说："大王，我现在可以动手了吧。"

听完晏子这一席话，齐景公便明白了晏子的意思。他干咳了一声，说："算了，放了他吧。"等那个养鸟的人走了之后，齐景公走到晏子面前，拱手说："若不是您的开导，我险些犯了大错呀！"

3. 对任务说"是"，对过程说"不"

有时候，领导并不在意你内心的感受，他们要的只是结果。如果你对领导交代给自己的任务不满意，或者说觉得实行起来不现实，可以先不说出来。你可以先跟领导确认他所想要的结果，得到准确的答复之后，你再逆向推理，把过程中可能会出现的问题向领导阐述清楚，并最终得出一个和结果不一致的结论。此时，领导就会重新审视交给你的任务，说不定就会放弃原来的想法。

4. 当面说"是"，书面说"不"

身为领导，一定有其过人之处，他们提出的要求肯定都是经过深思熟虑的，而且是从公司大局出发的。如果你当时拿不准领导的意图，可以先应承下来，回去再好好消化一番。如果你得出的结论依然和领导的不同，则不妨用电子邮件的方式，把你的意见详细罗列出来。这样，领导看后会更加重视的。

另外，当领导刚发完火，正在气头上时，即便你有再大的把握，也不要当面否决领导的要求。你可以先回到自己的工位，发个短信安慰一下领导，然后再把你的想法用文字的形式表达出来，发给他。此时，领导一般都会非常理性地看待你的提议。

5. 拒绝的同时给出解决办法

虽然老板的性格有千差万别，喜好也各不相同，但他们有一个共同点：喜欢能够给出解决办法的下属。要知道，花钱雇你就是为了帮助他们解决问题的。如果你只是嘴皮子顺溜，到关键时刻却提不出任何可行的解决办法。此时，你在领导眼中的形象就会严重受损。相反，一些人平时默默无闻，但关键时刻总能够提出一些化险为夷的解决办法，自然会受到领导的青睐。认识到这一点之后，你就应该知道当你在拒绝的时候，提前想好解决办法是多么重要。

要记住：没有解决办法，再委婉的拒绝都有风险；给出解决办法，再尖锐的批评都是良言。

6. 站在领导的立场

当你准备拒绝领导时，你要尽量站在他的立场，抱着与他同舟共济的想法考虑问题。这样做，就可以减少领导的猜忌。如果只是站在自己的立场，或者站在领导的对立面去谈你的想法，则即便有理，也很难让对方接受。

站在领导的立场，不仅仅指的是考虑问题的角度，有时候也包括对方的情感。如果说普通人都爱面子，那么领导爱惜自己面子的心理则会更为强烈。因此，你在拒绝领导的时候，最好不要伤及对方的面子。为了做到这一点，你就不要当众指出领导的问题，更不要逼迫他当场表态。有时候，为了保住领导的面子，你最好委曲求全，给领导一个台阶下。这样，当你私下与领导单独沟通时，胜算也会更大。

总的来说，不管你是顺从领导，还是拒绝领导，都应该让对方感觉你与他的目标和意图是一致的，你的所思所想对公司或企业是有益的。只要不违背这个原则，领导就一定会认真考虑你的想法。

拒绝同事：说话要看场景和时机

在现代社会，对很多上班族而言，平时与同事待在一起的时间甚至比家人还要多。然而，一个非常尴尬的现实却是，虽然我们与同事见面的次数很多，但同事未必是自己关系最亲密的人，有些甚至连朋友都算不上。因为经常在一起，所以同事之间的各种请求、帮助也就更多，拒绝同事的请求就要格外小心。其实，拒绝同事并没有我们想象中那么困难，也不必像某些人宣扬的那样小心。下面，我就来讲一些比较常见的可能需要你拒绝同事的情景、场所以及相应的拒绝策略。

1. 面对同事借钱，必要时可通过"哭穷"来婉拒

借钱应该是同事之间比较常见的现象，曾经就有一项针对同事借钱这一话题展开的投票调查，结果有66%的网友表示自己既向同事借过钱，也被同事借过钱。可见同事之间的"借款业务"并不罕见。对于那些信誉好又借得不是很多的同事，出手帮一下也无妨。但是，如果对方上次借你的

钱还没还，或者对方要借的数额太大，就要谨慎了。虽然同事间的钱款往来不会像商业或民间借贷来得那么"腥风血雨"，但规矩还是要讲的。

关于借钱这档子事，民间流传着这样一条哲理：借急不借穷。其实，对职场人士而言，这样的哲理更为适用。为了保护自身的利益，你必须提前搞清楚同事借钱是干什么用的，他之前的借钱记录是否合格，对于不该借的同事大可通过"哭穷"的方式婉拒。

2. 劝酒

正所谓无酒不成席，同事之间，难免会因为年会、生日聚会、周末小聚等各种因素聚在一起吃饭、喝酒。只要有酒的地方，就必然有人喝；只要有人喝酒的地方，就必然有人劝酒。

为了不破坏聚会氛围，拒酒的话语就要说得巧妙，而且令人信服。那么怎样才能做到既少喝，又维护对方面子呢？下面的一些方法可供参考。

（1）转移话题。当有人向你劝酒的时候，你可以把对方拉到一个角落，说一定要跟对方好好喝一杯。不过，坐下后，你可以适当地恭维一下对方，然后找一些对方感兴趣的话题，把谈话主题从喝酒上转移出去。需要注意的是，转移话题一定要自然，不能太生硬，否则，很容易引起对方的警觉。

（2）强调后果。所谓强调后果，就是把自己喝完酒后可能会出现的风险告诉对方，比如人们最常说的"酒驾"。当然，强调完后果之后，最好附带一些感谢，这样才会显得朴实、真诚，这样，劝酒的同事一般也不会再勉强。

（3）说出事实。说事实的时候，最好说出能够令对方无懈可击的拒绝原因，比如在参加同事生日聚会的时候，你不妨说："大家的好意我心领了，遗憾的是我最近一段时间胃不舒服，正在吃药，医生不让喝酒，所以请大家多包涵。"这样一说，劝酒的同事也就不好再说什么了。

（4）用拒酒词。拒酒其实不是某些人的困扰，而是很大一部分人的困扰，所以也有网友汇总了许多很实用又有趣的"拒酒词"，比如"只要感情好，能喝多少喝多少""为了不伤感情，我喝；为了不伤身体，我喝一点儿""只要感情有，喝什么都是酒"等。不要小看这些风趣、幽默又文绉绉的拒酒词，说不定它们就是解燃眉之急的灵丹妙药。

拒绝客户：软硬兼施求共赢

现如今不管走到哪里，人们都在倡导"顾客就是上帝"的销售理念。如果"上帝"这个客户规规矩矩地和你谈生意，自然无话可说，该怎么服务就怎么服务。但是，现实生活中总是会有一些百般刁难的客户，有些甚至会提出一些无理的要求。此时，一味地顺从就是盲从。所以说，即便是贵为"上帝"的客户，该拒绝的时候也不能手软。

刘湘梅大学学的是装饰设计专业，毕业后一直没有找到对口的工作。她从小就对装饰设计有着极大的兴趣，成为专业的设计师也是她一直以来的梦想。虽然工作不对口，不过她对这一领域的学习从来没有间断过，偶尔会接一些私活练练手。毕业三年后，一个偶然的机会，她获得了到一家国内知名企业面试装饰设计师的机会。凭借扎实的专业能力，她顺利地通过了各个环节的面试，如愿地成为这家公司的员工。本以为到了可以施展拳脚的地方，结果接了几次装饰设计订单后，刘湘梅才发现事情与自己期望的很不一样。

就拿其中一个设计店面的顾客来说，为了让客户满意，刘湘梅从创意方案、设计图纸到选材用料，都和顾客一一进行了沟通。等确定完这些事项之后，客户按照合同要求，需先交30%的定金，剩下的款项等到工程完工、验收合格后再结算。刘湘梅本以为工程就可以这样正常地运作了，然而等到在验收单上签字时，客户却开始挑刺了。原来，装修工在门上弄了一个芝麻大点儿的小洞，被客户发现了，结果对方不依不饶。虽然刘湘梅从专业的角度给对方讲了不会影响整体效果，但这家客户坚决认为是刘湘梅的失职，而且威胁不会验收。就这样，客户开始了和刘湘梅所在公司之间的拉锯战。为了不影响公司声誉，也为了自己日后在公司的长远发展，刘湘梅打算自掏腰包弥补那个小洞。或许是看到刘湘梅服软了，客户开始变本加厉，说要换掉整个门板。无奈，刘湘梅只得把这个事情汇报给自己的经理等待批示。

为了让工期顺利进行，经理特意上门认了错，最后也答应了更换一个门板。不过，让经理和刘湘梅始料未及的是，客户竟然要求经济补偿还有误工费等。听到这里，经理意识到了问题的严重性。如果再不强硬一点儿，这个客户后续可能还会提出更离谱的要求。只见经理不慌不忙地从包里拿出当初和店主签订的合同，并说道："我们公司向来秉承着'顾客就是上帝'的宗旨，但作为上帝的你们也应该对我们的工作人员有所体谅。如果严格按照合同执行，你所说的那些问题完全是在国家法律规定的装修失误范围之内。如果你再不依不饶，别说基本的赔偿了，到时候，谁向谁支付违约金还不一定呢。"

很显然，这位客户被经理的一番话给镇住了，经过短暂的思考之后，他也知趣地接受了经理的建议。事后，经理意味深长地拍着刘湘梅的肩膀说："我知道你在设计方案的时候已经尽力了，而且也想让客户在各个环节都满意。但是，不管站在哪个角度去考虑，忍让都是有底线的。如果确实是我们的错，公司应该来埋单；但如果责任在客户那边，那就要学会用法律来维护自己的权益。"

听完经理的一席话，刘湘梅顿时恍然大悟，意识到自己行为的错误。她也向经理承诺，如果再遇到类似的问题，一定会审时度势，捍卫自己和公司的权益。

很多时候，公司和客户之间出现矛盾并非因利益上的纠纷，而是沟通的不到位。当然，顾客终究是商家的衣食父母，解决分歧或矛盾也不能只认一个死理。有时候，只要避开对方的要求，还是可以找到让商家和顾客共赢的途径的！

曾文和曾武兄弟俩各自在同一个街区经营着一家小超市。虽然两家超市的规模都差不多，但曾文经营的那家超市的生意就特别红火，相反，弟弟曾武经营的那家超市的生意就冷冷清清。曾武多次到哥哥的超市取经，结果还是没有半点收获。后来，曾文决定到曾武的店里做一天的伙计，看看问题究竟出在哪里。

快中午的时候，一位附近小区的老顾客提着一打啤酒来到店里，要求退货。原来这些啤酒是半年前这位顾客的儿子结婚办喜宴的时候，从他这里买的。当时曾武确实应承人家说，如果到时候喝不完可以退。只是，曾武没想到，对方隔了这么久才来退，而且啤酒已经过保质期了。

见此情景，曾武自然很生气，觉得这个老头不讲道理，就说道："您退的这些东西都过期了，这不是砸我生意吗？"见曾武这样说，这位老主顾脸色一变，啥也没说，就准备转身离开。不过，就在对方快要出门的时候，刚才一直站在旁边观察的曾文把这位顾客叫住了："大爷，您留步。"

听到有人喊，这位顾客回头看了一眼曾文。曾文赶紧走上前去，拉住顾客说："大爷，您先别生气，我就想问一个问题，如果您是这个超市的老板，会不会给推掉？"

"啊！这个……"顾客满脸尴尬，犹豫着不知道该说什么。

此时，曾文又接着说："大爷，您退的这些啤酒不是我们不收，只是它确实过期了。如果这个保质期截止到明天，那么您就是今天晚上10点来，我也会给您退。但您看一下这一打啤酒，已经过期一个月了。我们总不能再把这些啤酒卖给其他顾客吧？再者说了，过期的啤酒不能喝，但还是有其他用途的，比如洗头发、浇花，哦，对了，还可以擦冰箱，这也不算浪费啊。"

听曾文这么一说，顾客的眉头也逐渐舒展开了，并说道："哦，你说的这些我还真不知道，要不我回家试试。"

见顾客已经接纳了自己的观点，曾文又说道："大爷，这啤酒我们是不能给您退了，不过您这么大年龄提着一打啤酒过来也不容易。这样，你今天如果在我们超市里买东西，我统统给您打7折，您看怎么样？"

听曾文这么一说，这位大爷的脸上顿时乐开了花。最终，他提着一大包东西高高兴兴地回家了。

面对老主顾的无理要求，曾文、曾武兄弟俩有着完全不同的处理方法。曾武的做法是不分析问题，直接拒绝，结果顾客拂袖而去；曾文虽然也拒绝了对方，但因为使用了一些技巧，非但没有让顾客生气，还让对方又在超市里买了一大堆东西。看到这样的结果，曾武惭愧之余，也对哥哥多了几分钦佩。

面对与顾客之间的矛盾，要牢记：始终不要放弃规避顾客异议的思维。要相信，顾客任何挑剔的行为都是可以解决的。另外，顾客在请求遭到拒绝后，心情会很失落，甚至会对你加以指责。对此，你要多表示理解，接受对方的指责，同时也要让他们相信，你是对事不对人的。

此外，如果实在无法满足顾客的要求，就用微笑来表示歉意。俗话说："伸手不打笑脸人。"微笑既可以缓和双方的情绪，又能避免言语交流可能催生出的新麻烦，从而取得"无声胜有声"的拒绝效果。

拒绝求爱：不爱也不要语带伤害

　　爱与被爱都是生活中再正常不过的事情了。如果你喜欢的人也正好喜欢你，被爱就是一种幸福；如果你明知对方喜欢你，但你却不喜欢对方，被爱就是一种负担。当然，别人喜欢你，并向你求爱本身并没有错；而你拒绝自己不喜欢的人本身也没有错。那么，世间为什么会出现那么多因爱生恨的事情呢？原因可能有很多，也很复杂，但有一个原因绝对不能忽视：拒绝的方式不恰当。

　　两性相处，本身就是一件很敏感的事情。在拒绝他人爱意的过程中，如果方式过于粗鲁，则不但会伤及他人的情感，而且可能会连累自身。相反，如果在处理这件事情的时候，能够多一份冷静，多一点儿理解，那么即便两人无法在一起，最终也不至于像仇人一般。

　　有时候，我们会遇到这样一种情况：你与对方是经亲戚朋友介绍认识的，而且对方对你的印象也不错，但你对对方却一直没感觉。此时，拒绝对方的感情显然已经不仅仅是你们两个人的事情了，可能还牵涉亲戚朋友的感受。难道为了不让亲戚朋友尴尬，就要委曲求全地成就这段姻缘吗？这不现实，特别是对现在的年轻人而言更是如此。很多人都是抱着"宁缺毋滥"的婚姻观，宁可得罪父母也不将就结婚，怎么会因为亲戚朋友的感受而屈从呢？当然，不屈从归不屈从，但你处理与对方的关系的行为可能会影响到一大片人。所以说，拒绝的话该怎么说显得尤为重要。

那么，究竟该如何说才能巧妙而又不失体面地拒绝他人的求爱呢？

1. 直言相告，避免误会

如果你已经有了喜欢的人，在面对其他人的求爱时，就要如实地把这一情况告诉对方。很多人碍于面子，或者抱着不想伤害对方的心理，既不告诉对方自己有喜欢的对象了，又不直白地拒绝对方的追求。其实，这种做法是很幼稚而且很危险的。试想一下，如果你喜欢的人知道了还有人在追求你，或者说追求你的人知道了你已经有了喜欢的对象，那么他/她会怎么看你呢？总之，他人对你产生误会是在所难免的。此时，就算你有一百张嘴，也很难辩解清楚，因为事实上你已经对这两个人造成了伤害。

要知道，告诉追求你的人自己已经有了爱慕的对象，并不是一件丢人或者尴尬的事情，而且对方也会理解你。但有一点需要注意：你可以在追求者面前适当地赞赏一下自己的恋人，但不能炫耀恋人的优点，因为这容易伤害追求者的自尊心。

有时候，你是因为考虑到事业发展或者年龄尚小等因素，不想谈恋爱，那也无妨，直接告知对方即可。毕竟和委婉地欺骗相比，坦率地拒绝即便很锋利，也不会真的伤到对方的心。

2. 尊重对方，婉言谢绝

人的性格差异很大，但大体上可以分为两类：外向型性格和内向型性格。

一般情况下，在外向型性格者面前，适合采用直言相告的方式拒绝对方的求爱。而面对内向型性格者，最好采用婉言谢绝的方式。尤其当对方是自尊心很强的男士和羞涩心理很重的女士时，更需要委婉、间接地拒绝。这类人一般很少向他人吐露自己的感情，如果真的这样做了，也是鼓起很大的勇气才说出口的。如果你在拒绝的时候方式鲁莽、言辞激烈，则会让他们有一种痛不欲生的感觉。有些人可能从此失去表白的勇气，还有些意志薄弱的人甚至会选择轻生。

因此，在拒绝这类人的时候，态度一定要诚恳，用语也要十分谨慎。你可以告诉对方你对他/她的感受，比如告诉对方你一直把他/她当兄/妹来看待。你也可以说，你们做朋友更合适，并罗列出一些中肯的理由来让对方信服。为此，你需要储备一些婉言谢绝的话术，以备不时之需。比如说："你很可爱，也很招人喜欢，会找到更适合自己的意中人的。""你是个十分可靠的男人，我也很尊重你，希望我们的关系可以一直像以前那样，做一辈子的朋友，可以吗？""其实你各方面都挺好的，只是咱们的性格差异太大，恐怕不适合做男女朋友。"

如果这类内向型性格的人并没有明确向你示爱，只是采用含蓄的方式暗示你，你也可以采用以上方式暗示对方。在这种情况下，你的态度可以适当冷淡一点儿。不过，这并不是为了和对方彻底划清界限，而是让你的信号更加明确一点儿，以防对方误判。

总的来说，拒绝求爱的时候有一点非常重要，那就是永远不要当面指责或者攻击对方的弱点或缺陷，更不能用诸如"癞蛤蟆想吃天鹅肉"的言语讽刺对方。要知道，你眼里的不足有可能就是他人眼里的优势，你今天的讽刺有可能明天会成为自己的伤疤。最后，请记住一条拒绝求爱的终极理念：不爱，也不要语带伤害。

拒绝销售：采用"反说服"策略来找碴儿

我们生活在一个商品经济的时代，随时随地都有可能遇到各种各样的销售：生活中，有人向我们推销保险；工作时，有人向我们推销信用卡；外出旅游散心时，有人向我们推销当地的特产。如果他们推销的产品是我们感兴趣的，则自然皆大欢喜；如果他们推销的产品我们压根用不上，甚至比较排斥，那么不管是从维护消费者合法权益的角度考虑，还是从自己的个人感情出发，具备一定的"反说服"策略还是很有必要的。那么，有哪些方法可以帮助我们即便在最优秀的销售员面前，也可以有理有据地拒绝对方呢？

1. 采用缓兵之计，测试对方的业务能力

以保险为例，有些推销员可能是陌生人，但也不排除有些就是我们身边的亲戚朋友。此时，我们需要把握好一个要点：那些向亲戚朋友推销保险的往往是刚入行的新人。意识到这一点，事情就好办了。因为刚入

行，他们都不太熟悉业务。此时，你可以假装很感兴趣地问几个稍微专业一点儿的问题。一旦对方答不上来，你就趁机说："哦！这个你还不熟悉啊？"一般人听到这里，都会很尴尬。如果对方脸皮再薄一点儿，可能就会放弃了。如果对方说先去了解一下，等了解完了再来给你讲，则也无妨。到时候，你再提出更刁钻的问题即可。这样一来二去，对方就不好意思再来打搅你了。

当然，这一招不仅可以用在熟人身上，而且可以用在我们遇到的任何一个销售员身上。即便有些销售员非常专业，对你的问题有问必答，而且都回答在点子上了，你也不必慌张。你只要尽可能地把自己想要知道的问题都问到位，然后说："你很专业，也讲得很清楚，我没有什么疑问了。不过我还是要再考虑一下，毕竟要不要买也不是我一个人说了算。"相信你这么说完后，销售员也就不好再说什么了。

接下来，你就可以顺其自然。如果销售员不继续纠缠你了，你就相当于提前达到了拒绝的目的。如果销售员再来推销，你就说："我们已经考虑过了，这个产品我们不需要。实在抱歉！"因为前面你已经说了，没有任何问题要问，现在又明确了你"不买"的态度，相信大部分销售员都会死心了。

2. 知己知彼，了解对方的产品质量

前面说的业务能力更侧重于服务性行业或者产品本身以外的因素。有时候，为了达到拒绝的目的，我们也可以就产品本身的质量提出一些相关问题。前面说的试探销售员的业务能力，主要是抓漏洞，而了解产品的质量，关键是看产品有没有短板。事实上，任何一款产品，都有它的优势和不足。因此想要据此拒绝对方，就要先对产品本身有足够的了解，然后你

才能够挑出"专业的刺"。

　　有些销售员可能会比较狡猾，把自己的产品夸得天花乱坠，好像产品本身没有任何瑕疵。此时，你可以反其道而行，比如说："我不相信这个世界上会有这么完美的产品，因为在我看来，再好的产品也会有缺陷，这和'人无完人'是一个道理。如果产品真像你说得那么好，我倒不放心了。"面对这种情况，销售员一般会顺着你的意思指出产品的一两点不足。此时，你可以采用两种策略进行反击：一方面，可以夸大对方产品的不足，说出这些不足恰恰就是你最无法忍受的地方；另一方面，你也可以就对方的人品进行反驳，问他为什么刚才不提这些问题。总之，你要让对方感觉到你比他更专业、更难缠。

　　需要注意的是，拒绝销售只是我们在商品经济时代维护自身独立性的一种策略，不应该也不可能成为一种原则。但是有时候在拒绝对方时，适度的灵活会让我们从这个世界感受到更多的爱和温暖。

拒绝陌生人：3招让对方知难而退

在生活中，我们经常会遇到陌生人搭讪的情况，特别是漂亮的女孩子，遇到搭讪的概率更高。虽然不可否认有些搭讪是善意的，比如纯粹问个路，但也有一些搭讪是居心叵测的，对此，拒绝便在所难免。

当然，即便是陌生人，我们拒绝的时候也不能随随便便，转身就走。一方面，我们不能立刻对他人的心思做出明确的判断，所以一遇到陌生人搭讪就转身离去的做法难免会伤及无辜，也不符合我们友爱和谐的社会精神文明建设；另一方面，如果对方真的有什么不良的心思，结果被你的恶言恶语伤害了，他就可能会借机报复或者伤害你。因此，拒绝陌生人搭讪也要掌握一些方法，不可太鲁莽。最好的做法是，让对方心甘情愿地接受你的拒绝。

1. 先发制人，快速闪人

所谓先发制人，有多种方式，比如对方正准备和你说话，你可以先搭腔；比如问对方时间或向对方问路等。说完之后，你要紧接着表示感谢，然后走人。试想，人都走了，难道对方还会追着你不放。事实上，稍微明眼的人都可以从你的动作中体会到你的用意。所以，面对你的快速离开，搭讪者多半也不会追，毕竟搭讪本身就是一个概率问题。

2. 自黑式拒绝

所谓自黑，就是采用一种自损形象的方式，让他人对自己"另眼相看"，从而达到拒绝对方搭讪的目的。有网友就如何拒绝搭讪总结了很多自黑的段子，比如对方刚一开口，你就说："抱歉，你的性别不是我喜欢的那一类。""我有羊痫风，别离我太近了，要不然一会儿发作了可别怪我。"估计大部分人都会被你这种自黑方式吓得不敢再和你多说一句话。当然，这种自黑的方式有点儿过，而且在多数情况下都没必要。

事实上，要想达到自黑效果，只需要把平时如何吸引对方主动搭讪的方式倒过来借鉴即可。比如，我们经常说搭讪的时候要有礼貌，那么你可以在不喜欢的搭讪对象面前适度不礼貌，从而给对方造成一种自己很没有教养的感觉，对方就会对你没兴趣了。另外，搭讪的时候有一些问问题的禁忌，那么你可以专门挑禁忌的问题问，也会起到自黑的效果，从而让搭讪尽快结束。

自黑在拒绝搭讪的过程中很常见，但用得太多了往往会被对方识破。所以为了收到最佳的效果，你也可以先礼后兵，即先同意对方的搭讪，然后对对方有了初步的了解之后，再采用有针对性的拒绝策略。比如对方相对儒雅，那么你就尽量展现自己的无知；如果对方较粗犷，你就不妨装得腼腆一点儿。总之，把自己伪装成搭讪者想要或希望的对立面，对方就会自觉无聊，离你而去。

3. 幽默讽刺

虽然我们一直倡导拒绝陌生人的时候要有礼有节，不可太鲁莽，但这并不意味着总是要说中规中矩、不痛不痒的话。有时候，适当的讽刺也很有必要，而且会起到立竿见影的效果。当然，如果你的讽刺带点儿幽默，则效果会更好。

有一位看起来风流倜傥的男士在大街上遇到了一位风韵十足的少妇，便想上前搭话。怎奈一时找不出好的搭讪理由，便在她后面跟了一会儿，想借机开口。就在这时，他发现少妇手上挎的包很别致，脸上顿时露出了笑意。他便快步赶了上去，笑着问少妇："你好，我发现你手上挎的包特别漂亮，也想给我妻子买一个，能问你是在哪里买的吗？"少妇一听就知道他的心思，便冷笑了一声说道："我建议你最好别买这样的包，因为你妻子如果有这样的包会倒霉的。"男子听得一头雾水，问："为什么呢？"少妇幽默地回答："因为会有不三不四的男士会以这个包好看为借口找你妻子搭讪。"

虽然，这位少妇看穿了男子的企图，但没有揭穿他，而是借着男士的话把矛头对准了其他男士。相信任何一位男士被这样机智幽默的女士以这种方式讽刺并拒绝，都会灰溜溜地离开的，更别提搭讪了。

谨记拒绝禁忌，争取把麻烦降到最低

拒绝的原因或许有很多，但拒绝的最终目的只有一个，那就是减少麻烦。如果你拒绝了对方，麻烦非但没有减少，反而增多了，就有点儿得不偿失。为了将麻烦降到最低，当事人在拒绝的时候需要明白一些禁忌。如果犯了拒绝的禁忌，麻烦就会如影随形；相反，如果你可以巧妙地避开拒绝的禁忌，麻烦自然就会与你渐行渐远。

忌随口搪塞，以免给对方留下把柄

我们拒绝他人的原因大体上可以分为两种情况：一种是条件不允许，比如时间不方便或者能力不够等；另一种是主观上不愿意，比如对方的请求违背了自己的原则等。如果属于前一种情况，你可以把自己的难处直白地讲出来，比如说"今天确实没时间""我担心把你的方案改砸了"等。如果属于后一种情况，你就应该以一种明确的口吻表明你拒绝的态度。

有人碍于面子，往往随便找个理由搪塞，来掩盖自己主观上不愿意的态度。比如，明明不想帮对方做事，却推脱说："今天实在是没时间。"结果对方就会说："没关系，那就明天吧，反正这个事情也不急。"或者你不想跟对方跳舞，便推托说："不好意思，我跳得不好。"结果对方可能会顺势说："没关系，正好我可以带着你跳。"

要记住，任何搪塞、推脱的理由都多少有自己的漏洞，而且有些搪塞还有自己的"保质期"。一旦对方抓住了你的漏洞或者说你搪塞的理由过了"保质期"，要想再拒绝对方就很难了。

因此，为了避免以上情况的出现，我们在拒绝他人的时候可以尝试以下两个技巧。

1. 斩钉截铁地表明你的态度

所谓斩钉截铁地表明自己的态度，就是大声地、简洁地告诉对方你无能为力。这种态度有时候会让你显得很没有礼貌、粗鲁，所以很多人碍于面子或过于胆怯，都不敢开口。但是，当你经常性地这样做的时候，你就会给人一种果断、爽朗的印象。下次再这样拒绝他人，别人也不会对你说什么，因为对方知道你是这样的人。相反，如果你平时比较优柔寡断，突然有一天却强硬起来拒绝了他人的请求，那么被拒绝的人就会很恼火，感觉你有点儿反常，甚至有点儿莫名其妙。这也是为什么同样一件事情由不同的人拒绝，会出现不同结果的原因。

李昂曾经被一个私交颇深的朋友邀请去参加一个地产活动，因为不太想去参加这样的活动，就借口说时间对不上。他本以为这件事就这样过去了，但是没过几天，朋友又来找他，说活动方改了时间，还问他这下没问题了吧。结果李昂这才说真没空，还谢谢对方的邀请。

李昂这样一说，彻底惹怒了朋友。对方说："你去就去，不去就不去，总是这么犹豫不决，真的很讨厌。"刚开始拒绝时，李昂还为拒绝了一个不想参加的活动而暗自庆幸，但这次惹恼朋友的经历让他做了一次彻底的反思。此后，凡是遇到自己不想参加的活动，他都当面表明自己的态度。结果他发现，自己的社交圈子并没有发生太大的变化，而生活却比以前更加舒畅了，烦心事也少了许多。

2. 为对方寻找潜在的出路

搪塞别人，说轻了是敷衍，说得重一点儿就是不负责任。有时候，在拒绝身边的朋友或者同事的时候，为了不在道义上让对方抓住把柄，你最好站在对方的立场为其寻找一个潜在的出路。不论你为对方寻找的出路怎样，对方都会觉得你已经尽力了。即便最后证明你给对方找的出路行不通，对方也没有理由埋怨你。

我们经常说："以心交心，方可长久；以诚待友，才可相交。"其实在与人交往的过程中，你的言辞是发自内心还是随口敷衍，大部分人都可以听出来。因此，有些别有所图之人明知是敷衍，依然会揪着你言辞的漏洞不放弃。相反，有些真正的朋友或许不会纠缠于你的拒绝，但会记住你曾经的敷衍。如果有一天你突然发现自己曾经的某个朋友好久没联系了，或者对方参加什么活动都不再叫你了，这就说明疏远的种子或许早在你曾经敷衍地拒绝他的那一刻就已经埋下了。

忌胡乱应承，拒绝要果断

俗话说"做人要有自知之明"，做事也要量力而行。如果对自己的实力不清楚，结果高估自己，揽下了超出自己能力范围的事情，则到头来完不成任务不说，还会让你方寸大乱。时间久了再拒绝对方，会在他人眼里留下非常不好的印象。

刘辉从一所名牌大学毕业后，进了一家互联网公司上班。因为文笔出色，而且做事积极、待人热情，经理便有意栽培他。虽然刘辉各方面能力都挺不错的，但有一个毛病，就是性子急。几乎从进入公司的第一天起，他就想建功立业，时刻准备在领导面前证明一下自己的实力。

一次，公司接到了一个大项目，需要整理一套切实可行的方案出来。公司在内部讨论之后，决定把这个项目交给与刘辉在一个团队的李霞全权负责，刘辉协助。

不料，就在拟写这个方案的第二天，李霞就因为胃病发作住院了。本来经理打算把这个方案交给另外一位资历较深的老员工来做，但还是想征求一下刘辉的意见。于是，他找到刘辉，试探性地问了一下："怎么样？现在这个方案就剩下你一个人了，是不是感觉压力有点儿大。"

"其实也没什么压力，这点儿事情我一个人照样能完成。"刘辉说道。

刘辉的回答让经理颇感意外，因为还从来没有实习期的员工单独完成过一个方案。为了保险起见，经理又慎重地问了一次："你确定一个人可以完成整个方案？"

刘辉异常镇定地说道："放心吧，经理，保证在规定时间内完成。"

看刘辉答应得如此从容，经理拍了拍他的肩膀，说道："我果然没看错人，好好干，将来一定会前途无量。"

之后，刘辉就投入到紧张的方案撰写工作之中。刚开始要列提纲，确实也没有什么困难的地方，刘辉做得还算顺利。不过，随着方案的深入，里面的很多细节开始让他头痛起来。关键是，方案最后还要形成PPT，而这正是刘辉的弱项。为了高质量地完成任务，他每天加班查阅资料，周末去图书馆借参考书现学PPT。即便如此，方案的进展依然非常缓慢。眼看着马上就要到交方案的日期了，刘辉的工作还没有完成一半。再加上连日来的加班，刘辉的脑子就像是灌了铅一般，彻底转不动了。因为知道这个方案对公司来说非常重要，为了不影响方案的如期完工，刘辉终于低着头来到了经理的办公室，说道："实在是抱歉，经理，这个方案的难度有点儿超出我的预料，所以，你看能不能……"

经理让刘辉把已经做出来的方案拿给他看一下。结果，才看了一会儿，经理的眉头就紧皱起来。最终，经理决定让刘辉先忙别的工作，然后把这个方案交给了公司一位元老级的员工去做。

此后，经理再也没有让刘辉负责过方案的事情了，而刘辉也好像是有了阴影一般，连写曾经最擅长的宣传性的文章都战战兢兢的。最终三个月试用期满后，刘辉看自己没有转正，就主动离开了。

俗话说："三百六十行，行行出状元。"即便是在同一个行业，每一个人的擅长点也各不相同。因此，当接受领导交给自己的工作时，你一定要清楚自己是否有能力完成。不考虑自己的实际情况，盲目接受派发下来的工作，只能让你身心俱疲。所以，遇到超出个人实际能力的事情，要果断拒绝。要知道，如果你答应了，事情也开始做了，再拒绝，就会很困难了。一方面，你自己肯定不甘心；另一方面，领导也会认为你能力不足。

因此，不要有这样的意识：拒绝领导交给自己的任务就是无能的表现。其实，从另一个角度去分析这种行为，也可以理解为有自知之明。古人云："知人者智，自知者明。"所以说，有自知之明的人，才是真正有智慧的人。相反，那些信口开河的人，总是喜欢逞强，不放过任何一个表现自己的机会。结果，一旦碰壁，他们就会元气大伤，人们对他们的信任度也会大大降低。所以说，遇到力所不能及的事情，一定要果断地发出拒绝的声音。要记住：别人会因为你的自知之明而敬佩你，不会因为你的信口开河而欣赏你。

忌不解释，应给对方合理的拒绝理由

很多人在拒绝的时候总是习惯性地说个"不"字，就让对方打道回府，并自以为这样可以节省双方的时间，也是高效率的体现。但事实上，这不仅会让对方感到难受，而且会引起对方的猜疑。同时，你今天拒绝时的潇洒或许会成为你未来某一天请求时的尴尬。相反，如果你在拒绝的时候附带合情合理的解释，对方谅解了，事情或许就会顺利许多。

陈芳和李华在大学时确定了恋人关系，毕业后却没能在一座城市工作。后来，陈芳的父母考虑到他们两个人的工作城市离得太远，就劝她在家乡找一个离家近点儿的男朋友。虽然陈芳刚开始不太乐意，但毕业一年后，她和李华基本上是聚少离多，感情也有点儿淡了，便决定向对方提出分手。

思索了许久，陈芳也不知道该如何向李华表达，最后索性在电话里对对方说："我们分手吧！"毫无疑问，对于女朋友这突如其来的请求，李华非常吃惊，便问她原因。陈芳也是打算强硬到底了，很干脆地说："没什么原因，就是不想处了，要和你分手。"

陈芳以为只要不和李华联系了，对方很快就会死心，但结果恰恰相反。李华因为不明白陈芳为什么会提出这样的要求，内心很是纠结。后来，当李华给陈芳打电话的时候，他发现她已经把自己的手机号码给屏蔽了，打不进去。但是李华仍然不死心，决定亲自到陈芳工作的城市一探究竟。因为没找到陈芳本人，他甚至直接找到了陈芳的家里。结果，在陈芳的家里，李华因为情绪激动，和陈芳的父母发生了口角，最终还差一点儿动起手来。

原本只是一件普通的分手事件，结果因为提出方不给任何解释，导致后面引发了很多不必要的麻烦；原本只是为了省事而不做解释，结果却更麻烦了。其实不管是家人要再给陈芳找男朋友也好，还是嫌李华工作的城市离得太远也好，只要把话说明白了，就不会造成后续的一系列麻烦。

事实上，不仅感情方面的拒绝需要理由，其他情况的拒绝也是如此。比如，领导对下属说："不要找理由，就问你能做不能做？"下属说："不能。"领导肯定会怒问："为什么？"下属可能会疑惑地问道："你不是说不要找理由吗？"领导肯定也会说："不找理由不代表没有理由。"

由此可见，不管一个人怎样说，在被拒绝之后，都期待合理的解释。

生活在如今的社会，我们的一举一动都会不可避免地和他人扯上关系。我们要在这样的社会中生活几十年，而且在这期间要接触那么多的人，自己不做任何解释的行为将会给自己的人生带来非常多的不确定因素。有些不确定因素可能会"自生自灭"，但肯定有一些不确定因素会成为你人生路上的阻碍。所以说，拒绝的时候是否解释不仅仅是个人的修养问题，也是涉及你切身利益的实际问题。

拒绝后的解释不仅很有必要，而且理由必须充分，不能糊弄对方。要知道，敷衍、糊弄的解释早晚有一天会被发现，到时候，尴尬的反而是你自己。所以说，不管是为了自己，还是为了对方，不管是考虑到现在，还是着眼于将来，一个充分、合理、得体的解释都是有百利而无一害的。

忌优柔寡断，以防让对方心存幻想

马云在创业期间，面对是否要向海外市场扩张的艰难抉择时说过这样一句话："有时候，做出一个错误的决定也会比没有任何决定好。"其实，在面对是否要拒绝他人的两难境地时，这句话也同样适用。面对别人的请求，最好的做法就是：要么你就答应对方，要么你就明确地拒绝对方。如果总是模棱两可、优柔寡断，则只会让自己陷入痛苦之中，还会让对方心存幻想。

很多人碍于情面，不好意思直接回绝，就倾向于用含糊的说辞来敷衍对方。前面我们讲过，这种含糊的技巧可以作为拖延的拒绝方式来用。虽然对有些人来说，他们一眼就能看出你的含糊就是拒绝的意思，也会知趣地果断放弃，但是，生活中还有一些人面对你不明朗的拒绝，选择不放弃希望，结果就这样僵持着。如果对方的请求只是一些琐事倒还好，但如果对方请求的事情较为重要，而且很急，那么你的拖延非但起不到好作用，反而容易耽误对方的事情，从而为双方之间埋下不愉快的种子。

唐芬和周娜在同一家公司上班，平时关系不错，而且同属于销售部门。一天，唐芬的家里有点儿急事，需要请几天假。不过就在请假的前一天，一个跟了许久的客户终于有了合作的意愿。为了让这个客户尽快签单，唐芬决定让周娜在自己离开的这段时间跟进这个客户。不过，当唐芬把自己的情况跟周娜说了之后，周娜的脸色顿时变得很尴尬。

因为周娜的母亲最近在住院，自己除了正常上班，还要照顾母亲，根本抽不开身。不过，鉴于姐妹情深，周娜不好意思当面拒绝，只是表现出很犹豫的样子。周娜以为自己这种表情可以让唐芬明白是什么意思。而唐芬看周娜不说话，就以为对方是默许了。加上赶时间，唐芬也就没有再多交代什么，毕竟客户的资料周娜都可以查出来，而且跟进客户的流程她也都知道。正好这时经理找唐芬，于是，她就匆匆地离开了。

虽然不清楚唐芬是否明白了自己的意思，但周娜是抱着“反正我没有正面答应她”的态度，就没把唐芬交代的事情当回事。过了几天，唐芬回到了公司。当她正准备询问周娜自己的客户跟进得怎么样的时候，她突然在公司系统里发现，那个客户已经和自己的另外一位同事签约了。于是，唐芬赶紧找到周娜，问她究竟是怎么回事，周娜支支吾吾地说：“我还以为是你让她和你的客户联系的，所以也就没当回事。”

唐芬气愤地说：“走之前我不是和你说过了吗？怎么会让别人再帮忙呢？”

周娜噘着嘴说：“我当时不是没答应你吗？”

唐芬还想再说什么，但“你”字刚一出口，就已经不知道该怎么往下说了。就这样，原本是唐芬跟进的客户，结果却和别人签约了。而唐芬与周娜的关系，也因为这次事件渐渐疏远了。

虽然细究起来，这件事情两个人都有责任，但更大的责任还在于周娜。她的优柔寡断，让原本就着急的唐芬产生了误解。如果周娜果断一点儿地拒绝对方，把自己的难处讲出来，唐芬完全有时间再找别人帮忙。或者，她也可以和客户解释一下晚些时间再签单。结果，一次模棱两可的拒绝引发了两人的误会，不但丢了客户，还葬送了两人的感情。

因此，在拒绝他人的时候，如果明知自己无能为力，就最好不要说一些可能会让对方心存幻想的话，比如，"你说的这事我还拿不准，要不我再考虑考虑。""应该可以吧！"类似这样的回答很容易让人产生误解，进而让对方加大对你的期望。试想一下，如果对方顺着你的意思说："别谦虚了，我知道你没问题，那这件事就拜托你了。"此时，你该怎么办？再拒绝吗？当然可以，不过难度以及你要损失的面子将会比一开始就果断拒绝大得多。

拒绝他人理应果断，但并不是说只赤裸裸地说个"不"字，而应因人因事而异。如果对方自尊心强、脸皮薄，那么你最好委婉一点儿；如果对方情绪低落，你也应该委婉一点儿。

最后，在拒绝别人时还有一个原则需要把握：对待陌生人或者关系一般的人，推脱一下就过去了；对待亲近的人，即便是暂时的推脱，也要尽快给他一个明确的答复。当然，为了避免不必要的麻烦，最好当时、当面说清楚。

如何克服当众说话的恐惧与紧张 >>>

你是否有过不想与人交流或者害怕当众讲话的时刻？你是否觉得只有自己是这样的？其实，大多数人都有这种心理倾向，只是程度不同罢了。卡耐基曾经对自己的学员以及大学生做过调查，发现其中80%～90%的人都产生过不敢当众说话的恐惧感和与人交流的畏难情绪。从某种程度上讲，"交流恐惧"是人与生俱来的。既然如此，那么为什么仍有那么多的人能够在众人面前侃侃而谈，思维逻辑从不混乱呢？为什么还有那么多的人能够在舞台上妙语连珠，从外表上看不到一丝慌张呢？很简单，人们可以通过后天的努力来弥补这种不足，从而弱化在交流时的恐惧与紧张。

那么，怎样才能够克服当众讲话的恐惧与紧张呢？下面便是一些行之有效的具体做法。

1. 找到恐惧的根源

俗话说："对症下药，才能药到病除。"要想克服当众交流的恐惧，首先应该知道恐惧的根源在什么地方。虽然心理学家认为恐惧是人的一种本能，而且在每个人身上都多多少少地存在，但每个人对不同事物的恐惧的诱因是有差别的。有些人的恐惧可能来源于幼年时的一次不愉快的经历而产生的心理阴影，有些人的恐惧可能来源于对未来的担忧，还有一些人的恐惧可能只是出于性格上的自卑。因此，我们首先要知道自己的恐惧原因属于哪一种，然后再有意识地消除这些恐惧根源。

2. 做些简单的动作

有研究表明，做一些简单的动作可以帮助我们缓解在与人交流时的紧张情绪，比如人们最常说的也最常用的深呼吸。做这个动作很简单。首先用鼻子深吸气，让气体慢慢地流经你的腹部，然后到你的胸部，等腹、胸部膨胀到极限，屏气几秒钟，再慢慢地从鼻孔呼出这些气体，并轻轻地说声"放松"，只要几秒钟，你的情绪就能放松下来。

除此之外，你也可以通过散步、运动、放松肌肉等来缓解紧张。这些动作做起来都很简单，对场地也没有严格的要求，大家紧张时不妨一试。事实上，很多当众讲话的高手在开始讲话之前，都经常会做一些这样的动作来放松自己。

3. 事前做好准备

美国前总统威尔逊的演说简短有力，非常有艺术性和感召力。曾经有朋友问他做一次演讲需要准备多长时间，他说："这要看情形而定。如果只讲10分钟，要提前一星期做准备；如果讲15分钟，需要提前3天做准备；如果讲半小时，需要提前1天做准备；如果讲1小时的话，那么，马上可以开讲。"

很多人会纳闷，威尔逊的言外之意究竟是什么，是想说准备工作重要呢，还是说准备工作可有可无？或许我们也可以这样理解他的话：如果你想做一个高水准的演讲，就要多做准备；如果你只想像和大众拉家常一样地聊聊天，那么随时都可以开始。事实上，即便是那些最顶尖的演说家，在没有任何准备的情况下上台演讲也难免会心慌。那么，他们为什么依然能出色地完成演讲呢？很显然，是经验在起作用。但话又说回来，经验难道不是他们准备工作的一部分吗？所以说，想克服当众讲话的恐惧和紧张，准备工作不可或缺。

4．平时勤于练习

任何能力都是培养或训练出来的，当众讲话自然也不例外。虽然站在舞台上对大众讲话是一件可遇而不可求的事情，但与一般大众交流是社交的基本功。此时，不管听众人多人少，你都要把它当作自己练习口才、磨炼心智的试验场。如果对方谈论的话题你不擅长，那就先缓一缓。一旦大众谈论的话题是你比较擅长的，那就果断一点儿，把自己当作东道主，可主动地发起话题，大声地发表你的观点。如果这次你能够把自己擅长的话题讲开了，那么下次即便面对你不擅长的话题，你也敢讲，而且能够讲得头头是道。

除了在社交场合练习之外，你也可以下载一些录音软件，把你私下练习的内容录下来，然后通过重播发现问题。你也可以把这些录音发给朋友，听听他们的意见。这时候不要怕出错，也不要怕出丑，因为你所经历的一切，都是当众交流达人或演说家们曾经经历过的。

5．直面你的恐惧

一般情况下，避免恐惧有两种方法：一种是远离让你恐惧的事物，另一种是直面你的恐惧。在恐惧面前，你强它就弱，你弱它就强。如果你不采取热诚主动的态度去与周围的人交往，恐惧就会像洪水猛兽一般侵蚀你的心灵，让你的肌肉因过度痉挛而无法控制。因此，我们应直面恐惧。如果当众讲话会让你紧张，那就别怕失败，多试几次；如果在舞台上讲话让你恐惧，那就私下营造氛围，多练习几次。当你习惯于直面恐惧的时候，恐惧就会悄无声息地溜走。